Contents
目次

第３章　カビ対策 ……41

第４章　災害対策・水損資料への対処 ……49

はじめに

資料保存対策が必要な場面で，誰かに教えてほしい，相談したいと心細くなったことはありませんか？　自信がない，間違った対応はできないと考え始めると，資料保存はハードルが高く感じられるかもしれません。

しかし，それも無理のないことでしょう。日本では図書館員が資料保存について学ぶ機会はほとんどないからです。

それは，図書館を研究者や好事家だけでなく広く市民の「利用」を保証する図書館に発展させるために，それまでの保存第一主義ともいえる「保存」を否定してきたという日本の図書館の歴史があるからです。

しかし，資料の「利用」を保証するという図書館の使命の，その「利用」を支えているのは「収集」と「保存・管理」です。実はそもそも「保存」は「収集」とともに，利用を保証するためには欠かせないものなのです。

日本図書館協会資料保存委員会は，「誰でも，どこでも，いつでも，いつまでも」利用できるための「利用のための資料保存」というスローガンを掲げて，2005 年には『防ぐ技術・治す技術－紙資料保存マニュアル』を刊行するなど，資料保存の普及活動を進めてきましたが，まだまだ広く浸透していないのが現実です。しかし，現場では資料保存の問題に日々直面します。きちんと学ぶことがなかったのですから，ときには間違った対応をしてしまうこともあるでしょう。

そこで，2020 年に行われた第 106 回全国図書館大会和歌山大会で，資料保存に関する基本的な知識と技術を紹介する分科会を開催しました。本書はその分科会での内容を加筆修正して充実させ，資料保存の入門書としてまとめたものです。

取り上げたのは，いずれも身近で基本的なことです。「利用のための資料保存」には「防ぐ」，「点検する」，「治す」，「取り替える」，「捨てる」という 5 つの方策があります。その中でも資料保存の基本は資料を劣化要因から遠ざけること，つまり「防ぐ」です。この「防ぐ」方策にはさまざまなことが考えられますが，その中でも適切な「資料の取扱い」は最も有効な対策で，誰でも簡単にできます。和本（和装本）やさまざまな視聴覚資料についても説明します。次に，環境管理も含めたカビ対策です。カビに悩まされている図書館は大変多いです。カビを発見したときの対応や，カビが生えた資料への処置等を説明します。また，近年増加している災害への対策と水損への対応も知っておく必要があります。さまざまな劣化要因から資料を保護し，資料にとっての小さな保存環境を整えることができるのが保存容器です。劣化した資料や貴重資料の保存対策を考えるとき，まず取り組むのが保存容器への収納でしょう。最後に，「防ぐ」対策を十分にしていても「治す」必要がある資料は存在します。修理をする際に知っておきたい基本的な考え方と技術について解説します。

資料保存対策は費用をかけずとも身近なところから行うことができます。本書で紹介したいろいろなノウハウをあなたの職場で生かしてください。そして資料保存の取り組みを進めてください。

資料保存の取り組みは，「なぜ保存するのか」，「何を保存するのか」，「いつまで保存するのか」，「ベストな方策は何か」を問うことでもあります。それは自館の資料やあり方，使命を，改めて見つめ直すことにもなるのではないでしょうか。

2021 年 10 月

日本図書館協会資料保存委員会委員長
眞野　節雄

洋装本，和装本の各部名称

【洋装本】

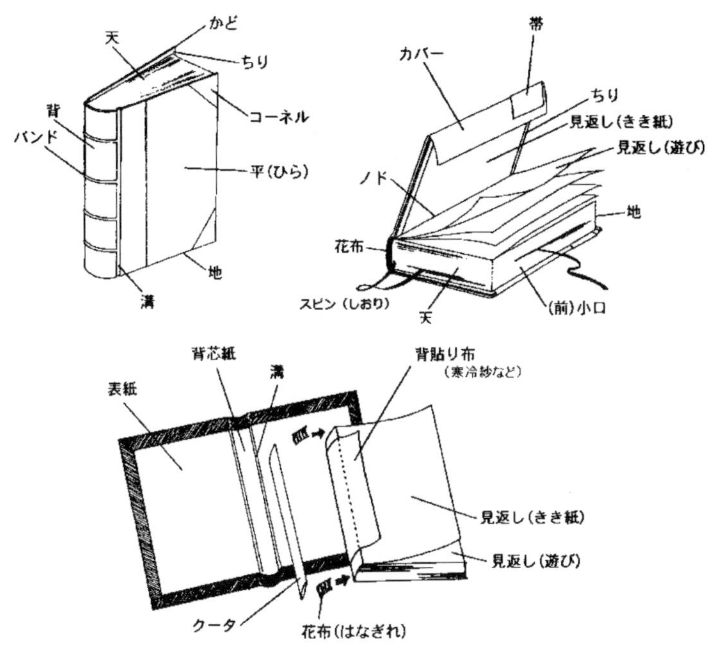

【和装本（冊子本）】

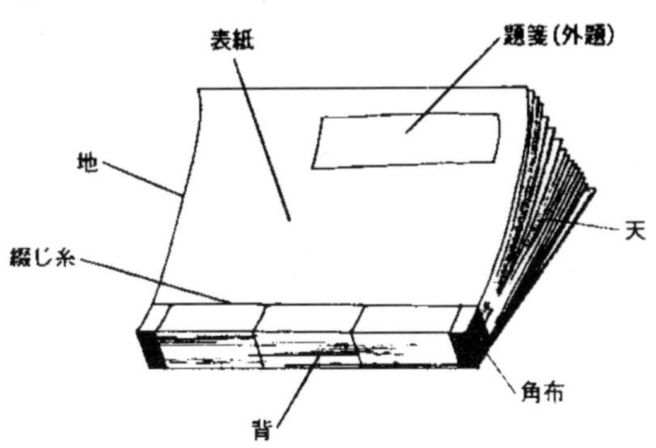

第１章
概説：図書館における資料保存とは

1.1　図書館における資料保存とは

長らく，日本の図書館では利用と保存は対立するものだと考えられてきました。利用すればそれだけ資料は傷むから保存にとってはよくない，資料を大切に保存するためには利用を制限するという考え方です。そして，戦後の図書館発展のためのバイブルともいえる『中小都市における公共図書館の運営』（日本図書館協会，1963），『市民の図書館』（日本図書館協会，1970）は，それまでの保存中心主義こそが図書館発展を阻害してきた元凶だと，「保存」に対する痛烈な批判を展開しました，それ以降，「保存」はないがしろにされてきました。図書館学のカリキュラムの中にも「資料保存」はありません。このことの弊害は少なくないと思います。図書館員は「保存」を考えない，考えなくてよいという環境になってしまったように思います。

しかしそうでしょうか？　図書館の使命が「資料の利用を保証する」ことであれば，その「利用」は今現在だけでなく数百年後の利用でもあるかもしれません。また，そうやって保存され引き継がれてきた資料を今現在利用していたりもします。であれば利用を保証するためには資料保存は不可欠であり，また保存は図書館の使命である利用の保証のために行うものであるともいえます。図書館における資料保存とは，「利用か保存か」ではなく，また，博物館，美術館などのような「後世に残し引き継ぐ」ためでもなく，「利用のための資料保存」です。

また，図書館資料は博物館，美術館などの資料とその性格を大きく異にしています。状態が千差万別なのはもちろん，資料的な価値も千差万別です。例えば，短期間で役割を終えてしまうものもあれば，公立図書館であれば郷土・地域資料のように，そこにしかないものもあります。また，その価値は図書館の館種や規模，運営方針によって異なってきます。それぞれの図書館で，何のために，何を，いつまで，どのように保存するのかという「保存ニーズ」を把握して取り組まなければなりません。図書館における資料保存の手法は画一的，一律にはできません。それぞれの図書館に応じて，また資料に応じて千差万別とならざるを得ません。

1.2　利用のための資料保存，5 つの方策

すなわち，図書館における資料保存は資料に応じて，予防，点検，代替，修理，廃棄という，大きく 5 つの方策から選択，組み合わせて取り組むことになります。資料に応じて，というのは，その資料的価値（保存年限），利用頻度，資料の状態の 3 つに応じて，ということです（p.13）。保存なのに「廃棄」という方策が入っていることを奇異に感じるかもしれません。しかし，図書館が収集したものをすべて保存することは現実的ではないし，またナンセンスです。その図書館にとって役割を終えた資料は廃棄することで，大切な資料をきちんと守っていくことも立派な方策の一つです。このことが最も顕著に表れるのが災害により大量に資料が被災したときです。このとき，すべての資料を救済することは現実には不可能です。だから，まず廃棄してもよい資料を選び出すことから「救出作業」は始まるのです。

さて，この 5 つの方策の中で最も重要なのは「予防」です。予防こそが図書館における資料保存の要となります。予防というと空調（環境）管理などの大げさなイメージがあるかもしれません。もちろんそういったこともありますが，本書で取り上げる，取扱方法や配架方法といった最も身近で簡単なことが実は最も大切なことです。また，酸性紙対策や保存容器収納，保存製本，災害対策など，予防対策にはさまざまな手法があります。本書で取り上げられなかった手法のそれぞれについては，まずパネル「利用のための資料保存」（p.12 ～ 26）をご覧ください。これは資料保存委員会が，「利用のための資料保存」の考え方と課題についてまとめた貸出用展示パネル[1)]のデータです。

1.3 補足（注意喚起）

1点目は，環境管理で言及している紫外線です。紫外線は資料の色褪せ，退色や劣化を引き起こすため，紫外線が当たらないようにするのは大切な保存対策です。ところが，「消毒」のために紫外線をあえて照射するということが，新型コロナウイルス感染症対策として注目されています。実際の消毒器（除菌器）で新型コロナウイルスがどの程度不活性化するかのエビデンスは現時点ではないようですが，「安心感」のために行われているようです。しかし，紫外線は確実に資料を傷めます。そのことを理解した上で，例えば，貴重資料等には決して照射しないなどの配慮が最低限必要になります[2)]。

2点目は「代替」についてです。図書館資料は博物館，美術館などの資料と違って取り替えることもできます。買い替えなどの再入手，マイクロフィルムやデジタルへの媒体変換などです。ただし，フィルムは品質や保管条件によっては期待寿命500年ともいわれていますが，デジタル化したからといって現物を廃棄することは，長期保存の観点からは危険です。デジタルデータは，最も信頼性の高いハードである光ディスクで数十年の寿命といわれていますし，たとえもっと長期間の寿命があったにせよ，データを呼び出すソフトの陳腐化が激しいからです。その長期保存については現在さまざまな研究が行われているところですが，現段階では，数年ごとに，そのときそのときのハードとソフトに合わせてデータをマイグレーション[3)]するというのが現実的な方法です。その管理費用は膨大なものになります。ですから，「利用」にはデジタルデータですが，「保存」には現段階ではまだ最も信頼性の高い方法は紙媒体ということになります。

（眞野節雄）

注

1） A2判15枚で，詳細や申込は日本図書館協会資料保存委員会まで。なお，パネル「利用のための資料保存・災害編」4枚（p.55～58）についても同様。
http://www.jla.or.jp/committees/hozon/tabid/96/ctl/Edit/mid/460/committees/hozon/tabid/115/Default.aspx

2）　下記を参照。
日本図書館協会・資料保存委員会のページ「図書館資料の取り扱い（新型コロナウイルス感染防止対策）について－人と資料を守るために－」
http://www.jla.or.jp/Portals/0/data/iinkai/hozon/ 改訂見解 020210301.pdf
同「ネットワーク資料保存 122 号」
http://www.jla.or.jp/Portals/0/data/iinkai/hozon/network/NW122.pdf

3）　マイグレーション：もとは「移動」や「移住」という意味で，システムやプログラム，データなどの移行作業を指す。情報を長期的に保存するため，次世代技術へ情報のフォーマットやメディアを変換していくこと。メディアの寿命が長くても，規格や再生機器が更新されると記録された情報が利用できなくなるという，「技術の旧式化」問題への対応方策の一つ。

【参考】

・日本図書館協会「資料保存委員会」
http://www.jla.or.jp/committees/hozon/tabid/96/Default.aspx
・東京都立図書館「資料保存のページ」
https://www.library.metro.tokyo.lg.jp/guide/about_us/collection_conservation/conservation/index.html
（URL 参照日は 2021 年 10 月 1 日）

【資料】パネル「利用のための資料保存」

利用のための資料保存

所蔵資料を基盤とする情報サービスを行う図書館にとって、資料を集める「収集」と集めた資料を維持管理する「保存」は、利用者の資料へのアクセスを保証するために欠かせないものです。

いつでも、いつまでも資料を利用できる状態に保つために行う「利用のための資料保存」は、保存容器への収納や破損の補修など、資料に直接行う働きかけ（コンサベーション）だけでなく、施設・書庫の管理、セキュリティの整備、職員・利用者教育、取り扱いなど（プリザベーション）を含みます。資料の内外に潜む劣化要因に対応するためにさまざまな方策をとる必要がありますが、それらを計画的、体系的に進めることが重要です。資料保存は収集から利用者サービスまで、あるいは施設管理から職員教育まで、と幅広く関係するため、図書館全体として取り組む必要があります。

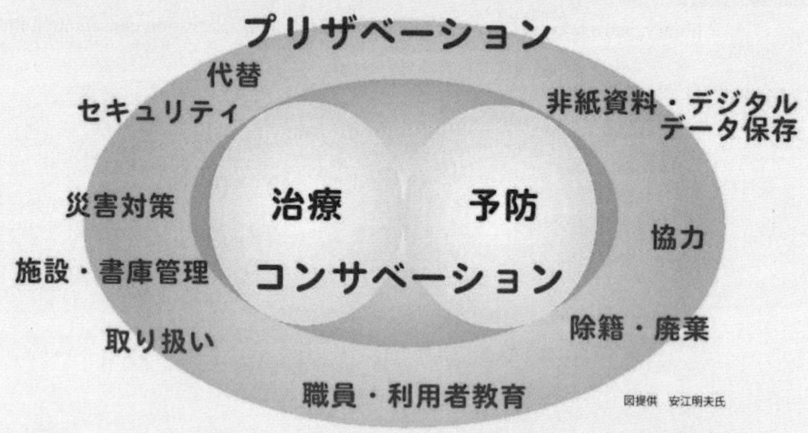

図提供　安江明夫氏

資料保存の進め方

保存の対象となる蔵書資料のすべてに万全の保存方策を講じることは、図書館の規模を問わず現実的ではありません。

できること、緊急を要することから段階的に、また、図書館全体で組織的に進めていきましょう。

保存ニーズの把握
・なぜ保存するのか
・何を保存するのか
・いつまで保存するのか
・ベストな方策は何か

計画の立案
・誰が行うのか
・どのように行うのか

計画の実行
・防ぐ　・点検する
・取り替える　・治す　・捨てる

保存方策を選択する

資料の利用を保証するためにとる保存方策は、保管環境の整備や、資料の取り扱いへの注意などの「防ぐ」方法から、資料の状態を「点検する」、資料を買い替えたり代替物を作製したりする「取り替える」、傷んだ資料を「治す」、蔵書としての役割を終えた資料を「捨てる」ことで他の資料を保存する方法まで、多岐にわたります。

図書館にはそれぞれの設置・運営目的があり、何をいつまで保存するのかといった方針も異なります。まずは「利用頻度」「『モノ』としての状態」「現物保存の必要性」の 3 つの視点から導き出される、それぞれの図書館にとっての「保存ニーズ」を把握し、それに応じた適切な方策を選び、組み合わせることが大切です。

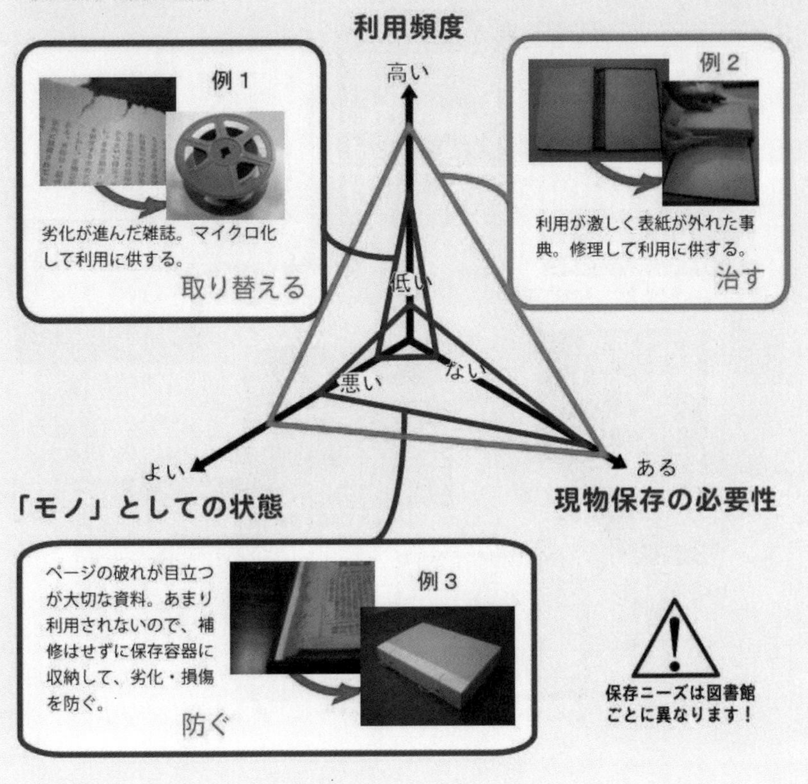

資料の敵（不適切な取り扱い）

資料の取り扱いは、それ自体が資料の汚損や破損につながります。より長期に保存して利用していくためには、日々の取り扱いが最も重要であり、かつ最も簡単な資料保存の取り組みです。資料の汚損や破損につながる原因に気づくことが大切です。

資料の敵（環境による影響）

不適切な保管環境は資料の劣化を促します。例えば、高温・多湿な状態は資料の劣化促進やカビの発生を招き、チリ・ホコリは資料の汚れを招き、カビや虫の発生原因ともなります。大気中の酸性汚染物質も資料の劣化を促進します。また、紫外線は資料の変色・褪色など劣化の原因となります。

資料の敵（災害）

災害は突然やってくる！でも…

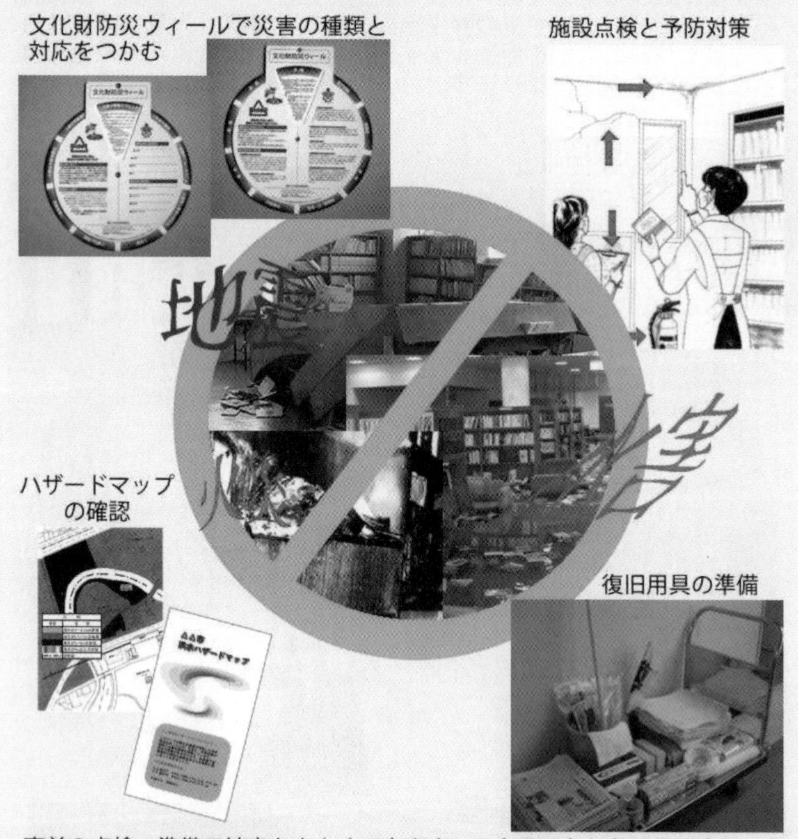

事前の点検・準備で被害を小さくできます。できることからはじめましょう。

『「利用のための資料保存：図書館資料の劣化とその対策展」災害編』もご覧下さい

資料の敵（不適切な処理）

破損しやすい、あるいは散逸しやすい資料をあらかじめ扱いやすいように製本する、また破損した資料を補修することは必要です。しかし、それが不適切であればかえって破損・劣化を招く原因になります。例えば・・・

図書館製本は開きにくくなったり、複写による破損を招いたりすることがあります。また、綴じ方が不適切だったり、裁断しすぎたりすると、必要部分が読めなくなることもあります。

セロハンテープなどで補修すると、接着剤が残り紙を劣化させてしまいます。

保護のためにカバーをかけたり、散逸しやすい資料を箱や封筒に入れたりすることは大切なことです。でも、その素材が酸性紙なら、逆に酸が移って紙の劣化を進めてしまいます。

資料の敵（製本方法）破損しやすい資料への対策

資料によっては、無線綴じなど脆弱で破損しやすい製本構造のものがあります。このような資料には、事前に予防的手当てを施すことで、より長期に利用・保存ができます。

堅牢な製本にしたり、針金、クリップ、輪ゴム、補修テープなど劣化の原因になるものを取り除くことも有効です。

（例１）利用が多い新聞縮刷版のような資料は、あらかじめ堅牢な製本にしておくと破損を予防できます。

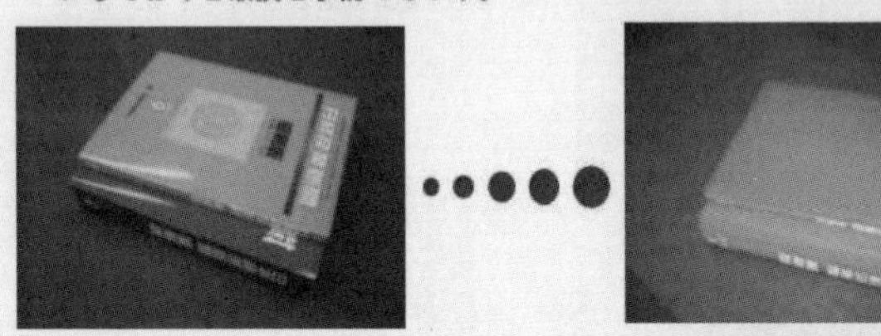

（例２）薄くて柔らかく、そのままでは自立しない資料には、厚い中性紙ボードを事前に取り付けた製本にすることで破損を予防できます。同時に保護用紙によって劣化を予防することもできます。

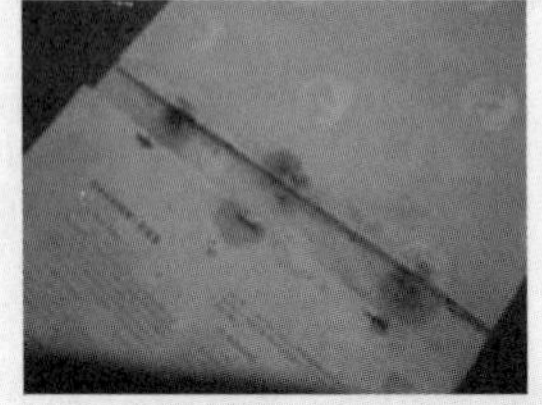

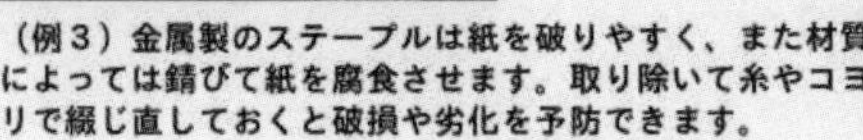

（例３）金属製のステープルは紙を破りやすく、また材質によっては錆びて紙を腐食させます。取り除いて糸やコヨリで綴じ直しておくと破損や劣化を予防できます。

資料の敵（酸性紙）

酸性紙とは、製紙の過程でインクのにじみ止めの定着剤として添加された薬剤が酸性物質として残留している紙のことです。酸性紙のなかには、わずか数十年で崩れてしまうほどに劣化するものもあります。１９世紀半ば以降に大量生産された紙の多くは、酸という見えざる内敵に蝕まれています。

挟んでいた紙が酸性紙だったため、その酸が本文紙に移行（マイグレーション）して劣化を引き起こすこともあります。

正しい取り出し方／ＰＲ

しおりによる呼びかけ

館内掲示

展示会でＰＲ

ゆとりのある排架

書架整理

正しい取り出し方

（例）取り出したい資料の両隣の資料の背を軽く押し、目的の資料の中央をもって引き出す
（出典『防ぐ技術・治す技術』）

展示方法

貴重な資料を展示するときは

・変色や変形が起こらないように照明、温度・湿度に注意します
・資料に負担をかけないように支持台などの工夫をします

環境対策

多くの資料に長期的な影響を与える「環境」は、資料保存対策の中で最も基本的な要素です。不適切な環境を放置したまま個別資料の手当てを行っても充分な効果が得られません。温度・湿度、紫外線、チリやホコリ、大気汚染物質の状況などについて、総合的な視点から環境を改善することが大切です。

しかし、環境を理想的に整えることは困難であることも現実です。そこで、カビや虫の発生を防ぐためには、ＩＰＭ(＊) の手法が有効です。温度・湿度を管理し、必要に応じて除湿機やサーキュレータ（空気循環器）を稼動し、定期的な点検によって、もし被害が生じたとしても最小限に抑えます。

＊Integrated Pest Management＝総合的有害生物管理：さまざまな方法を組み合わせて、有害生物を被害のない程度に抑えていく文化財保存の考え方

サーキュレータ
（空気循環器）

虫の発生・進入を
点検するための
トラップ（罠）

除湿機

フィルムを貼っているところ

紫外線は資料の劣化を速めます。光は資料の利用に必要不可欠ですが、強すぎる光はブラインドやカーテンなどで調整しましょう。紫外線防止フィルムを貼る方法もあります。紫外線をカットするカバーを照明に付ける、紫外線防止型蛍光灯に替える、ＬＥＤ照明にする、人感センサーを付けるなどの対策が有効です。

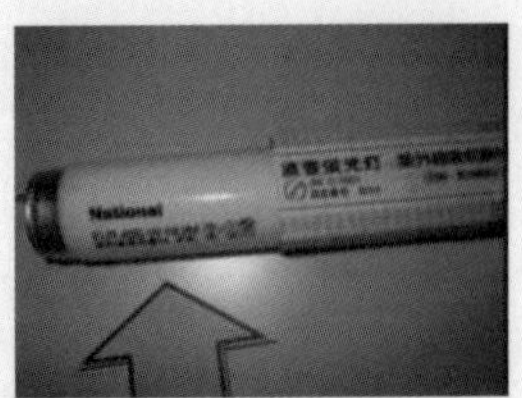

紫外線カットの蛍光灯

環境管理は、全ての資料に一律の基準を求めると実現が難しくなります。
資料の特性、利用形態などにも配慮して、より適切な管理ができるようにしましょう。

保存容器

図書館や書庫全体の環境を整えることが難しい場合でも、保存容器に収納することによって、資料にとっての保管環境を整えることができます。劣化要因である光、チリ、ホコリ、温度・湿度の変化などから資料を守り、物理的な力や災害からも資料を保護します。また、容器の材料を中性（弱アルカリ）紙にすることによって、酸性汚染物質から資料を守り、劣化を抑えることが期待できます。

保存容器は、現在さまざまなものが市販されていますし、容易に作製できるものもあります。

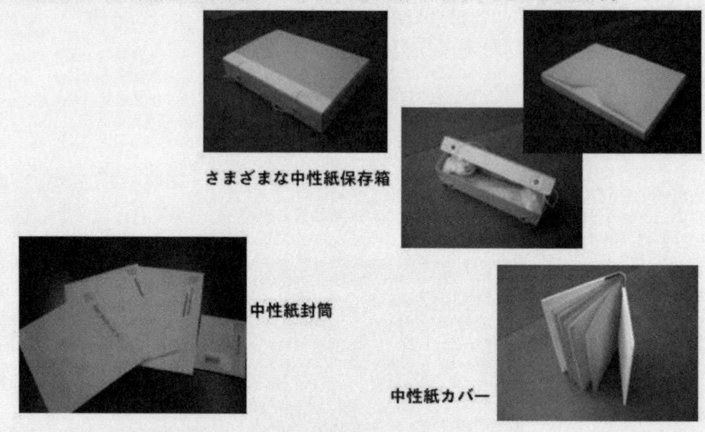

さまざまな中性紙保存箱

中性紙封筒

中性紙カバー

【ポリエステルフィルム封入法:フィルムエンキャプシュレーション】

化学的に安定したポリエステルフィルムに挟み、周りをシーリングすることによって資料を保護する方法もあります。

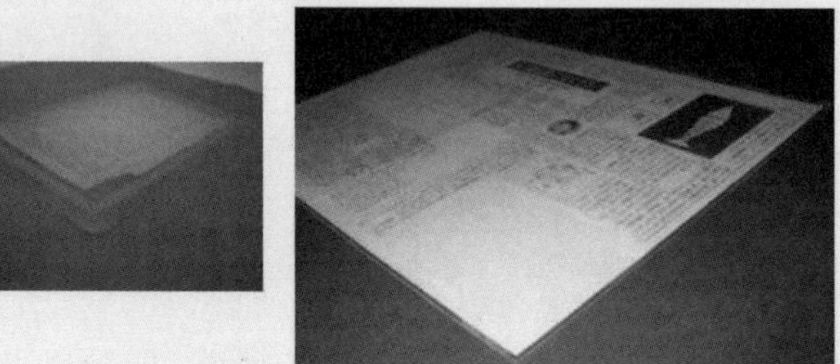

修理

適切な予防・保護策を施しても、「モノ」としての資料は、経年・利用によって破損・劣化が生じます。

利用に支障があり、かつ代替物ではなく現物を保存する必要がある場合、修理という選択肢があります。

しかし、破損・劣化していも、修理する必要がないこともあります。

「保存ニーズ」（利用頻度、現物保存の必要性、「モノ」としての状態）を考えて、他の保存手当てはないか、コストも勘案して、その資料にとっての最も適切な保存手当て・対策を考えます。

修理には、図書館員が行う簡易な補修と専門家に依頼する場合がありますが、いずれにせよ、修理するかどうかの判断は図書館員が行わなければなりません。

そのうえで修理が必要となった場合でも、「保存ニーズ」を勘案して「利用に耐えうる最小限の修理」にすることが重要です。

また、貴重書・希少資料に対しては、修理に際して国際図書館連盟では次のような原則を示しています。

①できるだけ元の姿を壊さない
②元に戻せる材料・方法で行う
③安全な材料を使用する
④修理の記録を残す

脱酸性化処置

脱酸性化処置とは、酸性紙の劣化を遅らせるために、紙の中の酸を中和し、さらに今後の酸による劣化を防ぐために、適度のアルカリ物質を残す処置で、各国でさまざまな方法で行われています。一般には、資料の寿命を３～５倍に延ばす効果が見込まれています。

ただし、劣化を遅らせることはできるが、劣化したものを強化する処置ではありません。したがって、まだ劣化の進んでいない酸性紙に行うのが最も効果的です。

【大量脱酸性化処置】

機械で一度に大量に行う処置です。国内では、ＤＡＥ（乾式アンモニア・酸化エチレン）法と、ブックキーパー法が実用化されています。

ＤＡＥ法のコンテナとチャンバー

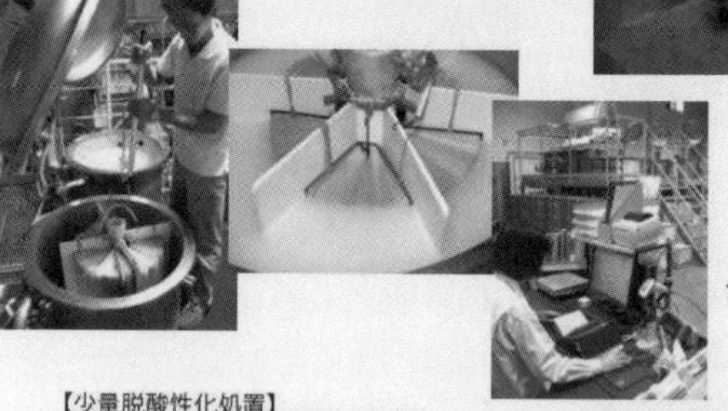

ブックキーパー法のチャンバー

【少量脱酸性化処置】

手作業なのでコストはかかるが、一点一点の状態にあわせた処置ができる利点があります。

刷毛で脱酸性化処置溶液を塗布

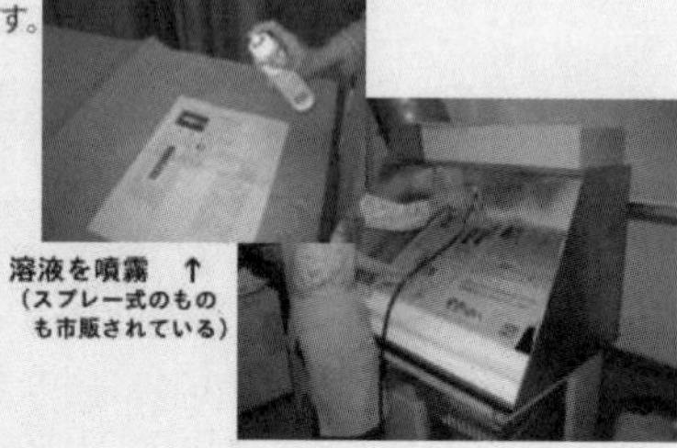

溶液を噴霧　↑
（スプレー式のものも市販されている）

マイクロフィルムのビネガーシンドロームとその対策

図書館等で主に使用されているマイクロフィルムは「銀・ゼラチンマイクロフィルム」ですが、これらはベース（支持体）によってセルロースエステルをベースとしたＴＡＣベースフィルムと、ポリエステルをベースとしたＰＥＴベースフィルムに分けられます。

ＰＥＴベースの銀・ゼラチンマイクロフィルムは、規格に基づいて、適切に作製し保存を行えば期待寿命は 500 年とされています。

ＴＡＣベースフィルムは 1950 年代から 1980 年代に使用されたフィルムですが、保存環境等の影響により酢酸臭を発生し劣化することが分かっています。これがビネガーシンドロームと呼ばれる現象で、劣化が進むと、フィルムがゆがみ、曲がり、ねばつきなどが生じます。

酢酸臭が出始めると急速に劣化が進みます。今後の利用状況に応じて、保管フィルムのチェックを行い、対策を講じましょう。

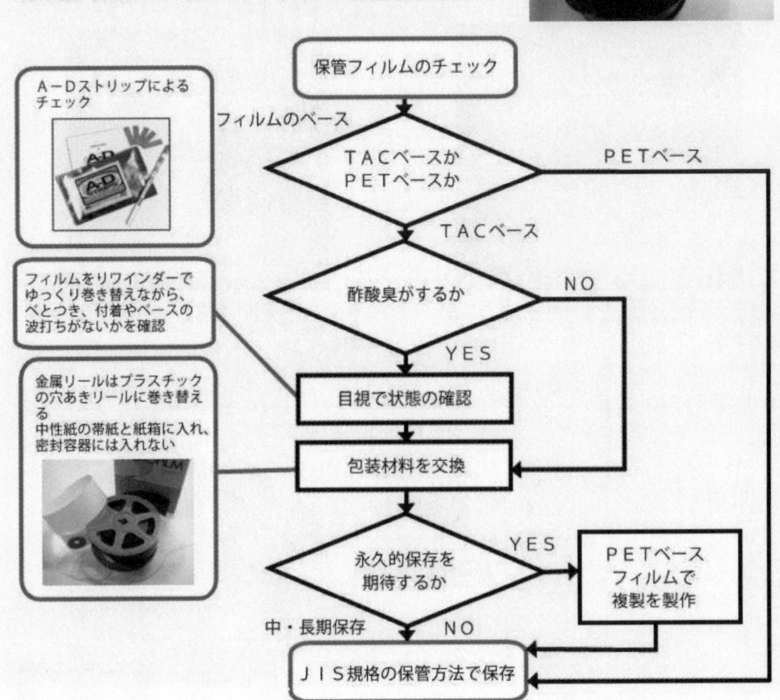

資料保存・活用のための代替化

全ての資料を現物の状態で保存することはできませんし、またその必要もありません。劣化・損傷した資料も補修するより、別の資料に取り替えた方が安価な場合もあります。資料を代替化する目的には、「資料の内容の保存」「原資料の保護」「保管場所の節約」「利用の促進」「セキュリティの確保」などがあります。代替保存の主なものとして、「電子式複写（複写製本）」「マイクロ化」「デジタル化」がありますが、それぞれの特徴を考え、目的に合わせた組み合わせで代替化を図り、資料の保存・活用を進めましょう。

電子式複写（複写製本）

安価に代替化でき、特別な機器を使用せずに簡単にアクセスできますが、活用方法が限られます。

マイクロ化

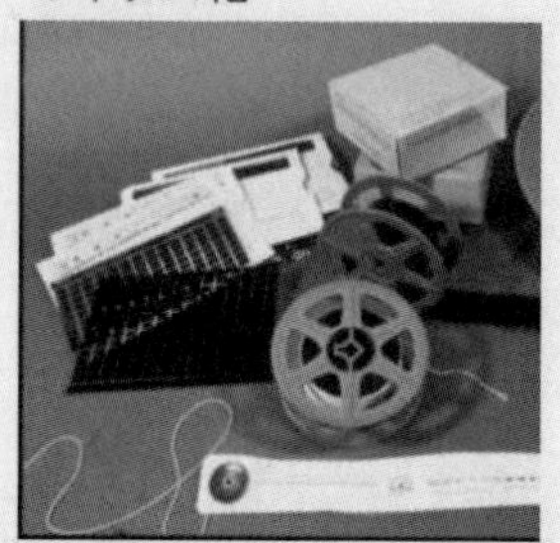

適正に処理を施し保管すれば長期保存が保証されていますが、アクセスしにくい面があります。

デジタル化

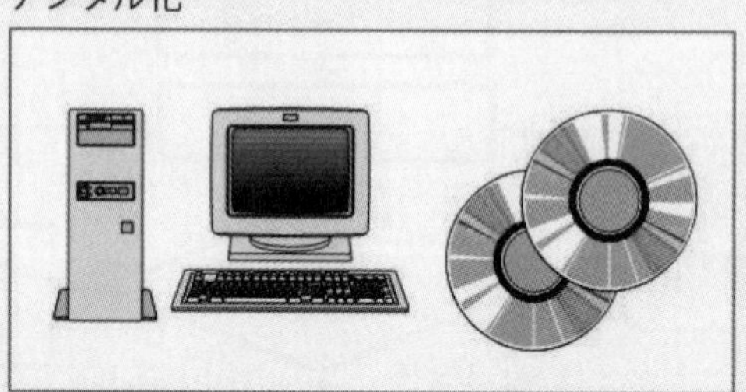

画像取り込み性能が高く、コンピュータ上での利用など拡張性は高いが、媒体の長期保存性が保証されておらず、保存のコストがかかります。

第2章
資料の取扱い

2.1　一般資料（洋装本）

(1)　はじめに

本や雑誌は，よく使われれば使われるほど，時間が経てば経つほど劣化する運命にある普通の「モノ」であり，もともと多くの人による頻繁で長期的な利用，すなわち図書館でサービスされることを想定してつくられているわけではありません。壊れるときは壊れるモノではありますが，目の前の1点1点を丁寧に取り扱うことが，結局は資料群全体の寿命を延ばすことにつながります。

この章では，「劣化の予防が一番の対策である」という資料保存の基本に立ち返って，一般資料（洋装本）の取扱いを再確認します。私たち図書館職員が，いつの間にか資料の寿命を縮める，いわゆる「本の敵」になってしまってはいないだろうかという自戒を込めながら。

(2)　手を洗おう

資料に触れる自分の手がいつもきれいかどうか，改めて意識しましょう。手指を通じて資料に移る汚れや水分は，その瞬間は目立たなくても将来的にムシやカビを養う栄養になります。適切な手洗いは，ヒトからヒトへ感染する菌やウイルスなどの病原体を資料に移

動させない，確実な方法でもあります。

作業の節目では石鹸を使って手をよく洗い，よく拭いてからまた資料に触りましょう。作業終了後もまた手を洗って，自分自身を守ると同時に別の場所に汚れなどを移さないようにしましょう。

(3)　資料の近くで飲食しない

資料の汚損の原因として，雨漏りや水害等の施設的なトラブルのほかに，「飲食」というごく身近で重大な危険があります。うっかり何かをこぼす失敗はほんの一瞬で起こりますが，汚れてしまった資料を前と同じ状態に戻すことはもうできません。目に見えない軽微な汚れがムシやカビの発生につながることは，前項でも述べたとおりです。

職員の食事や休憩は，資料を扱う場からできるだけ離れて行うようにしましょう。場所を分けることが難しいときは，飲食のタイミングでは必ず資料を片付けて，周囲を小まめに清掃して影響が出ないようにしましょう。

(4)　資料を運ぶとき

本や雑誌は，紙束を接着剤や糸などでまとめて形づくられているため，うっかり取り落とすと簡単にページが折れたり，資料としての構造が壊れたりします。製本雑誌や大型の美術書などは自重が災いして，落下がひどい破損につながります。

上製本では表紙と本文をつなぐ材料に布（「寒冷紗」という粗い格子状のものが多い）が使われていますが，利用と経年劣化

のためこの寒冷紗や見返しと，表紙との接着が甘くなってノドが浮いてくる傾向があります。このような本では落下の衝撃でノドが切れて本文と表紙が一瞬ではずれることがあるため，要注意です。

図書館内では資料を移動する作業が多いものですが，確実に持てる分量を両手で扱う，短い距離でもブックトラックを活用するなど，落下の危険を常に念頭に置いて取り扱うことが肝腎です。

(5)　資料の並べ方

本や雑誌は，書架の上では垂直に立てて置くのが基本です。必要な資料を抜き出した後，残った資料が斜めに倒れて変形につながることがありますので，ブックエンドを小まめに使って垂直を保ちましょう。自立しない薄い資料はフォルダーで挟んだり，パンフレットボックスに入れて支えたりしてサポートすることが大事です。一方で，大型本や厚みのある重い資料は，垂直の状態ではノドの上部に本文の重さが強くかかり，そこから破損が始まることが多いです。このような資料は，あらかじめ平置きにして守ってあげましょう。

いずれの図書館でも書架の不足は悩みの種だと思いますが，資料をぎゅうぎゅう詰めに配架していると，利用のために取り出すだけで傷んでしまいかねません。適度なゆとりを保って並べるようにしましょう。

また，書架の一番下の段を床から 10cm 以上上げておくと風通しがよくなり，資料を床付近の湿気やホコリから遠ざけることができます。掃除や目配りもしやすくなるため，ムシやカビの防止にもつながります。また，万が一床に水が出るような状況が起こったとしても，ある程度までなら資料を濡らさずに持ちこたえることができます。

(6) 資料の取り出し方

資料の背の上部に破損が多く見られるのは，その場所に指をかけて強い力で書架から引き出す人が多いためです。ゆとりを持って配架することはもちろんですが，無理なく取り出そうとする利用上の心がけも大事です。背の上部に力をかけずに資料を取り出す方法を 2 種類，図でご紹介します。

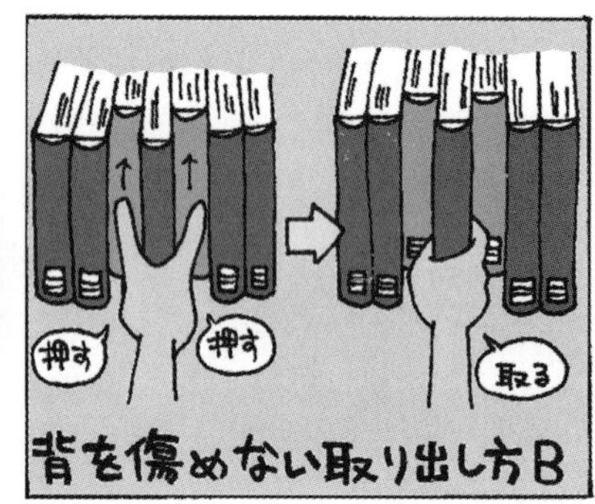

(7) 資料を使うとき

筆記用具は，消しゴムで消える鉛筆を選びましょう。似て非なるシャープペコ！！

日本図書館協会　出版案内

JLA Bookletは、図書館とその周辺領域にかかわる講演・セミナーの記録、話題のトピックの解説をハンディな形にまとめ、読みやすいブックレット形式にしたシリーズです。

図書館の実務に役立ち、さらに図書館をより深く理解する導入部にもなるものとして企画しています。

JLA Bookletをはじめ、協会出版物は、こちらからお買い求めいただけます。また、お近くの書店、大学生協等を通じてもご購入できます。

二次元バーコード

お問い合わせ先
公益社団法人
日本図書館協会　出版部販売係
〒104-0033
東京都中央区新川１－１１－１４
TEL：03-3523-0812（販売直通）
FAX：03-3523-0842 E-mail：hanbai@jla.or.jp

no.１
学校司書のいる図書館に
いま、期待すること

木下通子著『読みたい心に火をつけろ！』（岩波ジュニア新書）の出版記念トークセッションの記録。読書について、学校図書館の未来について、つながることの大切さ、本について語り合った内容を収録。図書館関係者でない方も必見です。

ISBN 978
4-8204-1711-8

no.２
読みたいのに読めない君へ
届けマルチメディアＤＡＩＳＹ

保護者、図書館員、ＤＡＩＳＹ製作者のそれぞれの立場から、ディスレクシアやマルチメディアＤＡＩＳＹについてわかりやすくまとめた一冊。読みやすいブックレットにするため、視認性（目で見たときの認識のしやすさ）が高いＵＤフォントを使用。

ISBN 978
4-8204-1809-2

２０１８年に大阪と東京で開催した、塩見昇氏の著

JLA Booklet　既刊1

no.（切れ）
新著作権制度と実務

……書館」となり、「国民の知のアクセス」の向上への期待に応えることが求められている現在、必携の一冊です。

ISBN 978
4-8204-2306

no.15
図書館員のための「やさしい日本語」

外国人の状況や図書館の役割、実践的な「やさしい日本語」の使い方について詳しく説明。あらゆる利用者にとっても役立つものであり、図書館サービスを広く伝える大切なツールを教えてくれる一冊。

ISBN 978
4-8204-2306-5

no.16
図書館のマンガを研究する

「海外図書館の大規模所蔵調査に基づく日本文化としてのマンガ受容に関する総合的研究」の成果を踏まえた講演録。今後の図書館におけるマンガ受容の必要性についても言及されており、マンガという資料特有の課題を知る一冊。

ISBN 978
4-8204-2311-9

no.17
戦争と図書館　戦時下検閲と図書館の対応

第109回全国図書館大会分科会「戦争と図書館」の講演録。太平洋戦争中の思想統制、図書館への弾圧、図書館人の抵抗などをテーマとする3つの講演を収録。資料提供の自由を使命とする図書館のあり方を考えるとき、ぜひ手にしたい一冊です。

ISBN 978
4-8204-2403-1

no.18
図書館員が知りたい　著作権80問

図書館現場から実際に寄せられた質問を基に、Q&A形式で平易に解説しています。著作権と図書館サービスのせめぎ合いに直面したとき、著作者・出版者等々、さまざまな関係者にとってよい「落としどころ」を悩んだときに役立つ一冊です。

ISBN 978
4-8204-2405-5

no.19
Live!図書館員のおすすめ本　人はなぜ本を紹介するのか　リマスター版

図書館員が本を紹介することの意味、その仕事が図書館を越えて出版の世界、広く読者へ届くためにできることなど、これからの図書館と出版を考える必読書です。

ISBN 978
4-8204-2404-8

好評発売中！！

no. 9 現代日本図書館年表　1945－2020

1945年の太平洋戦争終結から2020年までの日本国内の図書館に関する出来事を簡潔にまとめた年表。75年間の図書館と社会の動きを俯瞰できる一冊で、図書館の成長や模索を知り、現状を分析・評価し、将来に向けた構想につなげるのに役立つ内容です。

ISBN 978
4-8204-2114-6

no. 10 図書館の使命を問う　図書館法の原点から図書館振興を考える

2020年11月の第106回全国図書館大会の第12分科会（図書館法制定70周年記念）における塩見昇氏と山口源治郎氏の講演と対談の記録。図書館法制をめぐる展開を簡略に示した略年表と図版も収録。図書館法を考えるときに必備の一冊。

ISBN 978
4-8204-2206-8

no. 11 学校図書館とマンガ

「学校図書館になぜマンガが必要か（理論編）」、「学校図書館のマンガ導入」等の章を通じて、学校図書館にマンガを導入する意義を解説しています。海外でも高く評価されているマンガをぜひ学校図書館の蔵書に、と訴える一冊です。

ISBN 978
4-8204-2208-2

no. 12 非正規雇用職員セミナー「図書館で働く女性非正規雇用職員」講演録

公共図書館で働く非正規雇用職員の問題を取り上げたセミナーの記録。女性非正規雇用職員の現状や課題に焦点を当て、講演や報告、参加者の意見交換を収録。これからの図書館サービスと職員のあり方を考える大きな一歩になる書です。

ISBN 978
4-8204-2209-9

no. 13 図書館資料の保存と修理　その基本的な考え方と手法

日図協資料保存委員会委員長であり、東京都立中央図書館で長年資料保存の仕事に携わってきた著者が全国各地で講師を務めてきた研修会で語った内容をまとめた「講義録」。コンパクトな実践の書でありつつ、資料保存の真の意義を確認できる好著。

ISBN 978
4-8204-2218-1

図書館等公衆送信サービスを行うための「特定図書

JLA Booklet　既刊１９冊　好評発

no.

１９７９年改訂のころ

宣言の改訂に直接かかわられた方の貴重な証言から、当時時代状況と現場の雰囲気などがよく伝わってくる一冊。

ISBN 978
4-8204-1810-

no. 4

図書館政策セミナー「法的視点から見た図書館と指定管理者制度の諸問題」講演録

指定管理者制度の諸問題を法的視点から解説。図書館長と職員の法的関係や制度導入要件などを検証。法律専門家の視点からデメリットを明示し、制度導入に疑問を提起。指定管理者制度に関わる全ての人にとっての必読の書。

ISBN 978
4-8204-1812-2

no. 5

図書館システムのデータ移行問題検討会報告書

新システムへのデータ移行において出力データのルール化を提案。２０１８年１２月１７日に行われた学習会の記録も収録。図書館システムの中でパスワードの管理状況、システム変更に伴うパスワードの移行の現状と課題を解説。

ISBN 978
4-8204-1905-1

no. 6

水濡れから図書館資料を救おう！

「水濡れ」の厄介なダメージへの対応法を解説。事前対策の重要性や大規模災害時の行動、被災資料の救出方法などを詳しく紹介。陸前高田市立図書館の事例も収録。図書館や資料管理に関わる人々にとって貴重な情報源となる一冊。

ISBN 978
4-8204-1907-5

no. 7

図書館政策セミナー「公立図書館の所管問題を考える」講演録

２０１９年３月開催の図書館政策セミナー講演録。公立図書館の所管移管に伴い、自治体や教育委員会、首長部局の役割や懸念、委託・指定管理者による運営の問題点を法的視点から議論。公立図書館の役割や社会教育施設の重要性を考察する一冊。

ISBN 978
4-8204-2007-1

no. 8

やってみよう資料保存

図書館の資料保存について基本から学べる入門書。資料の取り扱いやカビ対策、災害時の対処法などを分かりやすく解説。利用を保障する資料保存は、図書館にとって基本的な責務でもあります。できるところから資料保存対策に取り組むための必読書。

ISBN 978
4-8204-2109-2

ンシルでは，鋭い芯が折れて飛んだときに資料のノドに残ってしまう危険があります。ペン類の使用は，消せない汚れを資料に誤ってつけてしまう可能性があるため避けてください。

糊つきの付箋は便利なものですが，きれいにはがせるように見えて実際には糊の成分が紙に残って資料に悪影響を与えます。中性紙を細長く切ったしおりの利用をお勧めします。貴重な資料を扱うときは，大ぶりのアクセサリーや時計などは必ずはずしましょう。

背が傷んだ資料を無理に 180 度開かずに済むように，閲覧用の書見台を用意しておくとよいでしょう。複写の際にきれいなコピーを取ろうと伏せた資料に上から強い力をかけるのは，ノドの部分に負担を与えて破損の原因になります。読みかけの資料を伏せて置くのもやめましょう。

破損資料を見ると，壊れた個所をどうにかしてくっつけたい気持ちになってしまうものですが，見境なくすぐテープ類を貼ってしまうことはお勧めできません。資料の補修に関する考え方については，第 6 章「資料修理－基本的な考え方と技術」をご参照ください。

(8)　おわりに

一般資料の取扱いを改めて見直すことは，今すぐに取り組める立派な資料保存対策です。本章の内容はごく当たり前の注意事項に尽きましたが，みなさんの日常の作業を振り返るきっかけとなりましたら幸いです。

（田崎淳子）

【参考】

・東京都立図書館「資料保存のページ」
https://www.library.metro.tokyo.lg.jp/guide/about_us/collection_conservation/conservation/index.html
・「図書館資料の取り扱い」（東京都立図書館「資料保存のページ」）
https://www.library.metro.tokyo.lg.jp/guide/uploads/14_toriatsukai2020.pdf
・埼玉県立図書館「資料保存～未来へつながる保存の技術～」
https://www.lib.pref.saitama.jp/guide/hozon/index.html
（URL 参照日は 2021 年 10 月 1 日）

2.2 和本（和装本）

(1) 和本を取り扱う前に

まず，身支度から始めましょう。首から下げているネックレスやネクタイはありませんか。ネームプレートも外しましょう。次に胸ポケットにシャープペンシルやボールペン等を差していませんか？　腕時計や指輪はどうですか？　こちらも外してください。取扱いの最中に，外れて落下したり引っかけたり，和本を傷つける恐れのある金属製品等はすべて外すのが原則です。

次に，「白手袋」をはめなくては，という方もいらっしゃるでしょうが，必要ありません。貴重な資料ですから必需品と思われがちですが，手袋をすると手の感覚が鈍って事故につながりかねませんし，和紙の繊維と手袋の繊維が絡まってしまうことが多々あります。まずは，よく手を洗ってください。清潔な素手であれば大丈夫です。また，手を洗う場所が近くになければ，ウェットティッシュなどを常置しておいて利用するのでもけっこうです。除菌もできますので有効です。爪の長い方，マニキュアをされている方は，できれば資料を扱う前に爪を短く整えマニキュアを落としていただきたいです。

なお，取り扱いながら話をするのは，飛沫が飛んで資料を汚染するので NG です。マスクなどを付けて飛沫が飛ぶことがないようにしましょう。

(2) 和本（冊子本）の取扱い

まずは，和本の収納ケースにあたる帙（ちつ）に和本が入っている場合，2 つの留め具を丁寧にはずして中の和本を取り出します。複数冊にわたっている場合は，崩れないようにそっと全体を取り出して，それから 1 冊ずつ丁寧に机上において閲覧します。

丸帙（まるちつ）と四方帙（しほうちつ）

和本は洋装本と異なり，常に机に寝かせて置いた状態で閲覧します。これは洋装本のように手に持って本を立てて起こして見る装丁にはなっていないからです。まずは，全体の状態を確認しましょう。特に，綴じ糸が切れていないか，表紙や題簽（外題）が外れていないかは重要なチェックポイントです。そして開くときは，丁寧に 1 ページ（丁）ずつ開きましょう。

ある程度の厚みのある和本の場合は，片方のページ側に負荷がかかりますので，表紙の下にフェルトを薄葉紙（薄くて柔らかな紙。和紙がよい）でくるんだ枕を置いてあげましょう。ある程度，ページが進んだら反対側に枕を移動させます。読み終わったら，最後にもう一度状態を確認しましょう。

(3)　巻子本の取扱い

巻子本は桐箱に収められていることが多いです。上蓋を外すときはいきなりではなく，前方へずらしながら「そっと」外すのがコツです。いきなり上へ蓋を持ち上げると，蓋や箱自体が破損する危険性があるからです。中に収められている巻子本を取り出すときも，箱を上下逆さにして取り出すなんて乱暴なことはしないでください。軸の上下と本体に両手を添えて，そっと軸受けから取り出します。

なお，次回以降取り出すときに巻子本を傷めないような工夫として，あらかじめ箱の幅より少し長めに切った薄葉紙を軸受けに直角に横に渡して置き，その上から巻子本を収めておけば，以後はこの薄葉紙の両端を持ち上げることで，脆弱な軸に触れずに取り出すことができます。

巻子本を止めている巻緒（紐）は手前に端を引けば簡単に外れます。外した巻緒はまとめて結ぶ処理法もありますが，ここではラップ等に使われていた紙芯を中性紙の薄葉紙でくるんでつくった筒に巻き付ける方法を紹介します。外した巻緒をこの筒にくるくると巻き付けて，さらにそのまま，この筒を見返し部分も巻き込んで本紙のところまで巻いていきます。こうすることで，見返し部分の負荷も減りますし，初心者にとって厄介な巻緒の処理も軽減できます。

巻子本を開く際には，もともと巻子本は復元力を持っているので力を入れて開かなくても大丈夫です。まずは，右手でしっかりと支えて，左手でゆっくりと肩幅まで開いていきます。次の場面に移動する際は，今度は左手をしっかりと支えて，右手は軽く添える感じで巻いていきます。左右の手が重なり，画面が閉じられたところで，両手で巻子本を軽く持ち上げて，右側のスタート地点に移動します。このときに，巻子本を持ち上げずに机に置いたまま，ずらす方がいますが，これはいただけません。巻子本の背面を擦ることになり傷める原因となるからです。なお，巻子本を開いている状態で巻きの上下部分が平行に巻かれずに俗に「タケノコ」と言われる状態になっても，あわてずに元の画面まで戻って巻き戻してください。

画面の巻き戻しが完了したら，最後に，巻緒を軸に巻き戻していきます。題簽（外題）の下あたりから，3 回半巻いたところで，先端を折り，2 巻き目の紐の下から上へ引き上げる形で通して八双の部分で止めます。

以上，和本の中でも代表的な冊子本と巻子本の基本的な取扱いについて解説しました。文章だけではわかりづらいと思いますが，まずは触って体験することから始めてみてはいかがでしょうか。

（新井浩文）

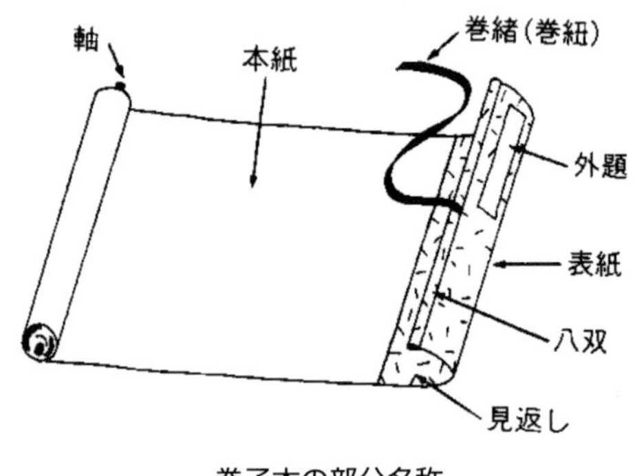

巻子本の部分名称

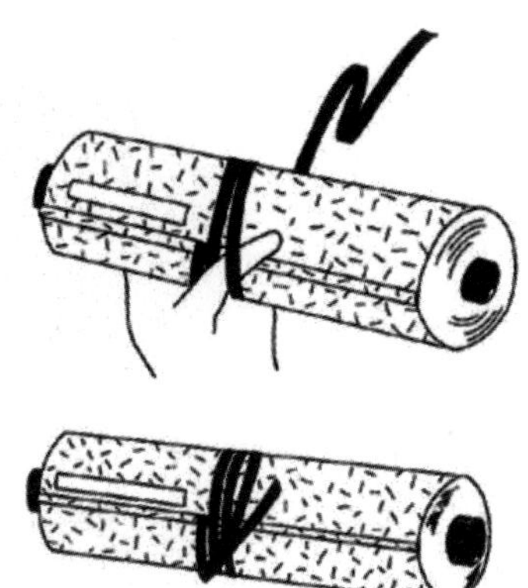

巻緒の止め方

【参考】
- 「和本・漢籍の取扱い」（国立国会図書館「資料の保存」）
  https://www.ndl.go.jp/jp/preservation/pdf/training_text_2_reference2019.pdf
- 「防ぐ技術・治す技術－紙資料保存マニュアル－」編集ワーキング・グループ編『防ぐ技術・治す技術－紙資料保存マニュアル』日本図書館協会, 2005（第 4 章「和装本の取り扱いと補修」）
- 中藤靖之『古文書の補修と取り扱い』雄山閣出版　1998

（URL 参照日は 2021 年 10 月 1 日）

2.3　視聴覚資料

視聴覚資料は紙資料に比べると劣化しやすく，再生機器が入手できなくなる（再生技術がなくなる）という「技術の旧式化」の問題もあります。そして，多種多様なメディアがあるため，それぞれについて材質や構造，取扱い・保存方法を理解することが大切です。ここでは，レコード，映画フィルム，磁気テープ，光ディスクという代表的な種類について解説します。

(1)　レコード

さまざまな種類のレコードのうち広く流通したのは LP と EP（いわゆるシングル盤）です。LP や EP の材質はポリ塩化ビニル（PCV）で，比較的安定した材質です。多少の柔軟性はありますが，無理な力を加えると歪んだり割れたりします。また，盤面に傷がつくとノイズや再生不良の原因になります。

レコードを持つとき，両手で縁を持つか，中心の穴と縁に指をかけて持ち，表面に触れないようにします。汚れは音溝にそって円を描く方向に拭き取ります。レコードの中袋は，紙製の場合は紙の繊維がホコリの元になるので，ポリエチレン製に取り替えます。レコードを立てて保存する場合は，10 ～ 15cm の間隔で仕切りを設け，レコードが斜めに寄りかかって変形するのを防ぎます。水平に保存する場合は，積み重ねて下のレコードに重みがかからないよう，10 枚程度が入るように小分けした棚を使います。

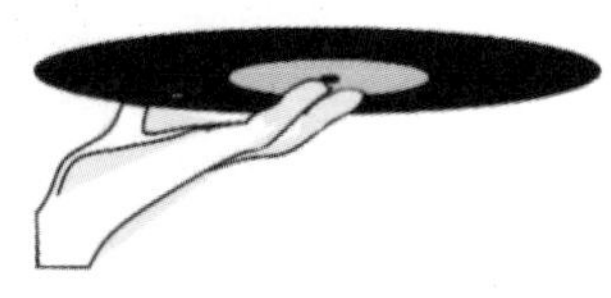

レコードの持ち方

(2) 映画フィルム

映画フィルムは幅によって35mm，16mm，8mm などの種類があります。社会教育や学校教育の教材用に広く使用されたのは 16mm です。

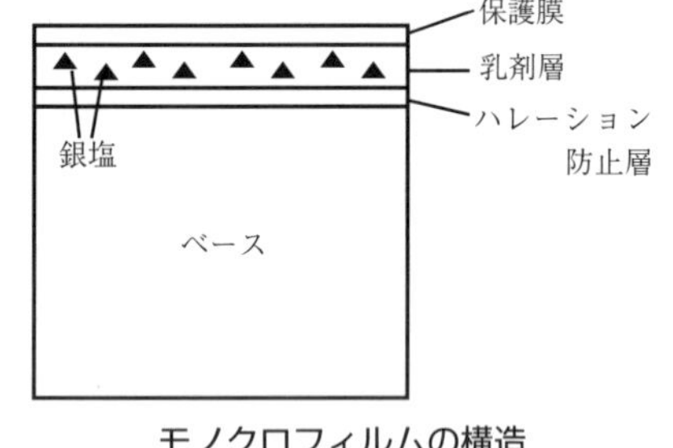

モノクロフィルムの構造

映画フィルムの構造は，土台となるベースの上に，乳剤層が乗っています。乳剤層はゼラチンと，光を感じて像を形成する銀塩の粒子から成ります。さらに乳剤層が傷つくのを防ぐ保護層や，光の乱反射を防ぐハレーション防止層があります。

フィルムのベースには 3 種類の材質があります。最も初期に使われたナイトレート（硝酸セルロース）は可燃性で，劣化が進むと自然発火や爆発の危険性があります。アセテート（TAC，セーフティ）は安全なフィルムとして開発されましたが，酸っぱい臭いを発しながら縮んだり変形したりする「ビネガーシンドローム」のリスクがあります。その後開発されたポリエステル（PET，エスター）

は安定しています。なお，古いフィルムが見つかって爆発を心配されることがありますが，16mm と 8mm ならばナイトレートは使われていないので大丈夫です。

映画フィルムの劣化と破損の要因としては，まず乳剤層のゼラチンが動物性たんぱく質なので，カビが発生することがあります。高温・多湿の環境はカビを発生させるのに加えて，ベースの劣化も加速させます。アセテートフィルムのビネガーシンドロームは周囲に広がるので発見したら隔離する必要があります。フィルムは映写時に傷がついたり破損したりすることもあります。しかし，フィルムは適切な環境で保存されれば 100 年以上の寿命があることが実証されており，この点が他の視聴覚メディアと異なります。

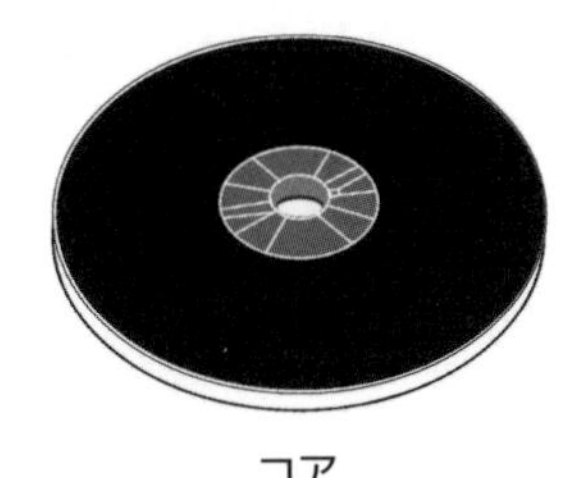
コア

リール

フィルムを取り扱う際は，表面に触れないよう縁を持ちます。上映する前に損傷がないか確認します。気づかずに映写機にかけると切れたり裂けたりする危険性があります。リールに巻いてあるとすぐ映写機にかけられますが，長期保存するには，コアに巻き替え，容器に入れて水平に置きます。フィルムを良好な状態で保存するには，密封せず通気性を保つことが重要です。錆びない容器が推奨されています。

(3)　磁気テープ

磁気テープには，録音テープ（コンパクトカセット（いわゆるカセットテープ），6mm オープンリールテープ等）とビデオテープ（VHS，β 等），コンピュータ用がありますが，ここでは録音テープとビデオテープを取り上げます。

磁気テープの構造は，土台となるベースの上に，音声・映像信号を記録する磁性体やテープが滑らかに走行するための潤滑剤が，バインダーに混ぜて塗布されています。テープの裏側には静電気を防止したり磁気記録の転写を防いだりするバック層があります。磁気テープのベースはポリエステル製ですが，一部の録音テープにはアセテートも使われました。磁性体は細かな金属の粒子で，酸化鉄，コバルト，メタル等が使われています。バインダーは塩化ビニル系樹脂やポリウレタン系樹脂などの高分子ポリマーです。

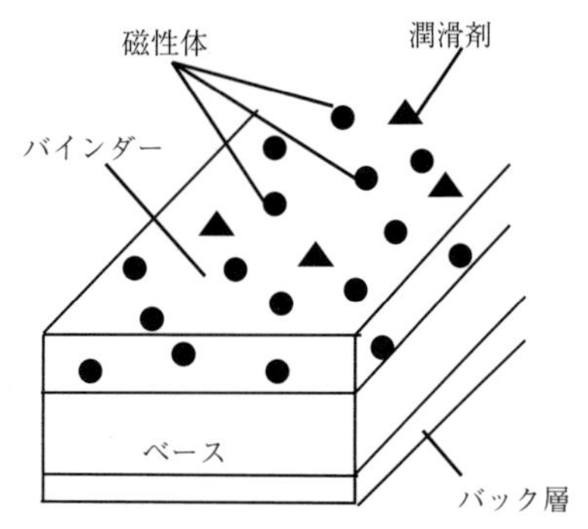

磁気テープの構造（塗布型テープ）

磁気テープは磁性体を磁化して音声・映像信号を記録しています。磁性体は寿命が長いですが，磁気は次第に弱まっていきます。ポリウレタン系のバインダーは加水分解が進んでべとつく場合があります。ベースでは，ポリエステルは安定していますが，アセテートはビネガーシンドロームの恐れがあります。磁気テープは繰り返し録音・録画が可能なので，誤って上書きすることがあります。それを防ぐために消去防止ツメがあり，ツメを折るとセンサーで感知して録音・録画できないような仕組みになっています。

磁気テープの取扱いは，まずホコリや汚れを避け，読み取り不良を防止します。テープは端まで巻き取って取り出します。特にビデオテープはヘッドシリンダーに巻き付けて録画・再生するので，取り出す際にヘッドに絡まりテープを傷めることがあります。重要な部分を傷めないように，記録のない最初か最後の部分で取り出すようにします。端から端まで早送りして巻き取ることでテープを均等に巻くことができます。これはテープ変形の防止になる上，しっかり巻かれたテープは万一水に濡れても中まで染み込みにくくなります。テープは立てて保存します。

(4) 光ディスク

光ディスクには，CD，DVD，BD（ブルーレイディスク）があります。見た目では区別がつきにくいですが記録方式も構造もさまざまです。記録方式は3種類あり，読み取り専用（CDで言えば市販の音楽CDやCD-ROM）はデジタル信号が凹凸でプレスされているのに対して，追記型（CD-R）は有機色素を高温のレー

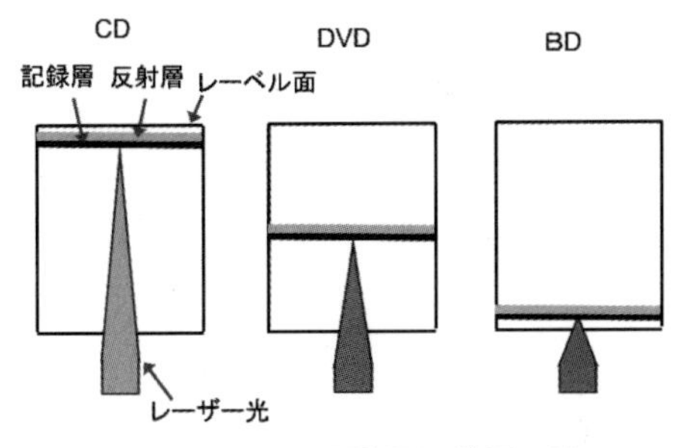

CD，DVD，BD　記録層の位置の違い

ザーで化学変化させて記録します。書換型（CD-RW）は，高温と低温のレーザーを用いてアモルファス合金の結晶構造を変化させることによって，結晶状態と非結晶（アモルファス）状態の箇所の反射率の違いを作り出して記録します。そのため CD-R や CD-RW は CD と比べて熱に弱いという特徴があります。

また，記録層の位置にも違いがあり，CD はレーベル面の直下に記録層があるのに対して，DVD は中ほど，BD は読み取る側の浅い部分に位置しています。このような記録の仕組みと構造の違いが，劣化や破損にも影響します。

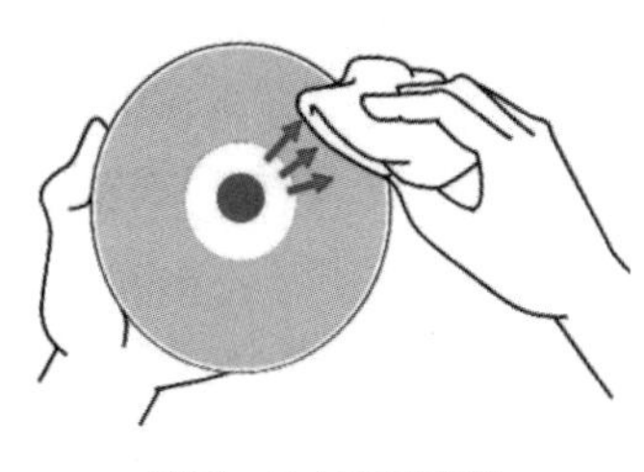
光ディスクの拭き方

光ディスクを持つときは，中心の穴と縁に指をかけて持ち，表面を触らないようにします。汚れは中心から外側へ放射状に拭き取ります。これは傷がついても前後の信号から回復するエラー補正機能が，大きな傷には機能しないからです。レーベル面に記入する場合は，柔らかいペン先のペンを使い，傷をつけないようにします。CD はレーベル面の直下に記録層があるので特に注意が必要です。粘着ラベルは，重心がずれて回転むらが生じるので貼らないようにします。ただし，一度貼ったラベルは無理にはがすと CD の記録層まではがれる場合があるので，はがさないほうがよいでしょう。ディスクは専用ケースに入れて，立てて保存します。

(5)　適切な保存環境

保存環境は参考文献によって若干の違いがありますが，温度・湿度を低く保つよう勧めているのは共通しています。米国の研究者 Cocciolo は，主要な文献を参照しつつ，レコード，磁気テープ，光ディスクの保存環境として，気温

44～53℉（8 ～12℃），相対湿度 25～35％，映画フィルムには 40℉（4.4℃），相対湿度 30～50％を推奨しています。この環境は年間を通じて，また 1 日の中で，変動を抑えることも重要です。保管庫から出して利用する際は，急に気温の高い部屋に移すと結露してしまうので，徐々に温度・湿度を上げて馴らします。これを馴化（じゅんか）と言います。

(6) 最後に

視聴覚資料には再生機器の問題もあります。どんなによい状態で保存しても，再生機器がなければ再生できなくなるので，いずれ媒体変換が必要になります。視聴覚資料は，デジタルファイルに変換せざるを得ない場合が多いでしょう。適切な取扱いと保存で原資料の寿命を延ばすことは，デジタル化までの時間稼ぎとしても重要です。

しかし，デジタルデータの長期保存には現段階では大きな課題があり（p.10），特に映画フィルムは，フィルムで保存することが推奨されています。適切に保存すれば 100 年以上の寿命が実証されており，より高精細なデジタル化のためにも元のフィルムが再度必要になる場合もあります。

視聴覚資料の保存と取扱いについての詳細は，【参考】をご参照ください。

（児玉優子）

【参考】

- Brylawski, S., [et al.] eds. ARSC Guide to Audio Preservation, ARSC, CLIR and Library of Congress, 2015 http://www.clir.org/pubs/reports/pub164
- Cocciolo, A. Moving Image and Sound Collections for Archivists. Society of American Archivists, 2017
- St-Laurent, G. The care and handling of recorded sound materials, 1996 http://cool.conservation-us.org/byauth/st-laurent/care.html
- Van Bogart, J.W.C. Magnetic Tape Storage and Handling, 1995 http://www.clir.org/PUBS/reports/pub54/index.html
- Wheeler, J. Videotape Preservation Handbook, 2002 https://amianet.org/wp-content/uploads/Resources-Guide-Video-Handbook-Wheeler-2002.pdf
- 映画保存協会訳「フィルム保存入門：公文書館・図書館・博物館のための基本原則」全米映画保存基金，2004 http://filmpres.org/preservation/translation03/
- 日本画像情報マネジメント協会「電子化文書長期保存のための Blu-ray Disc 検査基準及び取扱いに関するガイドライン」2012 https://www.jiima.or.jp/pdf/7_JIIMA_guideline.pdf

（URL 参照日は 2021 年 10 月 1 日）

第3章
カビ対策

高温多湿の気候環境の日本では，カビは身近で日常的な問題です。図書館でも，温度・湿度など管理の行き届いた保管環境のある館は少なく，梅雨時や，気温の急激に下がる秋から冬にかけて，書庫内の同じ場所で定期的にカビが発生してしまうところもあるかもしれません。

近年の異常気象により，豪雨による建物の浸水被害や施設・設備の故障，停電など，さまざまな要因でカビが発生することも考えられます。身近な例では，ブックポスト返却の資料が濡れていて，気づいたときにはカビが発生していたといったケースもあります。これは発見が遅れたことによる人的被害ともいえるでしょう。

ここでは，①カビを発見したときの対応，②カビを生やさない予防対策，の2点について解説します。

3.1 カビを発見したときの対応

カビを発見したときは，すみやかに館全体で情報共有をして，すぐに処置を行うのが大原則です。忙しい日常業務の合間では，カビを発見しても後回しにしてしまいがちかもしれませんが，1日でも2日でも放置すればするだけ被害が拡大していきます。

カビを発見したときの対応の流れは次のとおりです。

①資料隔離 → ②資料のカビ除去 → ③棚・床・壁の消毒

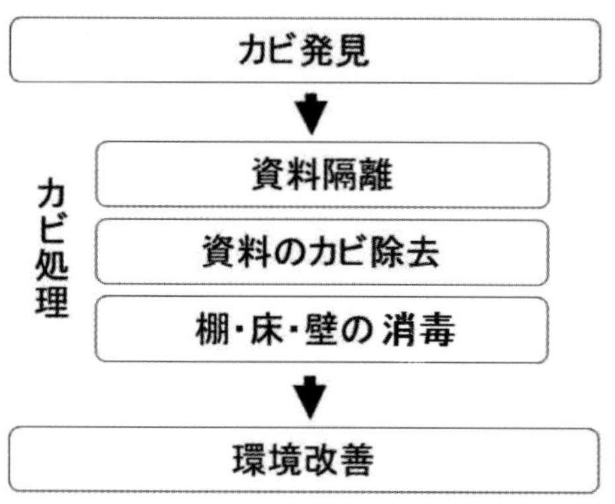

(1) まずは資料の隔離

カビ被害の範囲を確認し，他の資料への感染を防ぐためにすぐに別の場所に隔離します。カビがフワフワしていたり，しっとりしていたりしている場合は，カビが活性化しています。胞子をまき散らしやすい状態のため，静かに資料を移動します。

隔離先はカビの処置を行う作業部屋にもなります。換気に気をつけ，HEPAフィルター[1)]つき空気清浄機があれば作動させて，カビを除去する処置に入ります。隔離が難しい場合は，なるべくすみやかにその場で処置を行います。

(2) 処置前の準備

【身を守る】

カビは人体に有害です。吸い込むとアレルギー反応や健康被害を引き起こす危険性があります。作業者は自分自身の安全を守るために，防備を万全にして臨むようにしましょう。

防塵マスク，使い捨てのビニール手袋は必須ですが，できれば作業着や靴カバーを装備します。フードつきの雨合羽なども，衣服へのカビの付着を防ぐ目的にかなっているので利用できます。もし手袋と防塵マスクだけで作業した場合は，自身の服や髪，靴の裏などを介して，カビの胞子をまき散らしているということを忘れないようにしましょう。

・防塵マスク　・使い捨て手袋
・作業着　・靴カバー

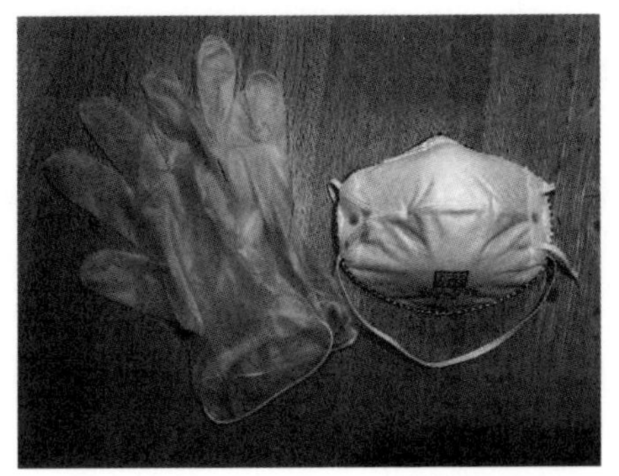

身を守りカビをまき散らさない対策

【必要な物品を揃える】

・拭き取り用ペーパー

＊実験器具や電子部品などの拭き取りに用いるケバ立ちの少ないワイピングペーパー（薬局等に市販品あり）

・エタノール

＊水を含まない無水エタノールと水分を20～30％含んだ消毒用エタノールがあり，いずれも薬局等で市販されています。消毒用は，浸透性がよく殺菌力が高いため，表紙クロスや本の天地，小口などのカビ除去に使用します。本文紙に大量に噴霧する場合などは，水分が紙に与える影響を考えて無水エタノールを使用します。また，資料によっては，エタノールで褪色することがあるため，目立たない場所で確認してから処置を行います。

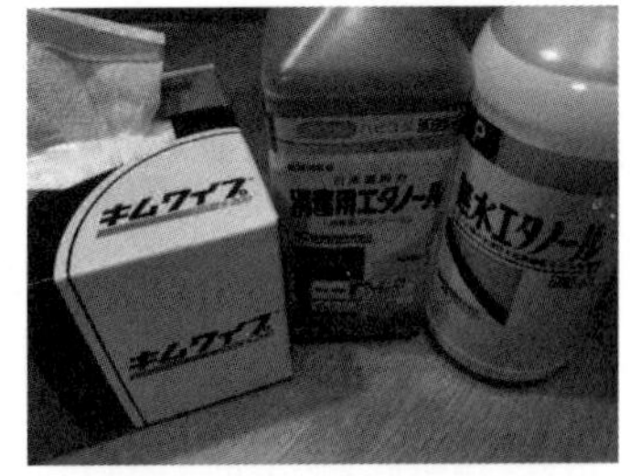

カビの除去に必要な物品

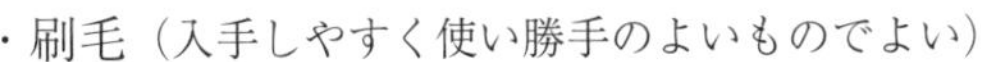

・刷毛（入手しやすく使い勝手のよいものでよい）

・HEPA フィルターつき掃除機

(3) 資料のカビ除去

<その 1 >　掃除機で吸い取る　または　刷毛で払い落とす

最初に，資料の天地や小口，表紙などのカビを，掃除機で吸い取ります。掃除機がない場合は，刷毛を使って払い落とします。晴れた日は屋外で作業をしてもよいでしょう。

刷毛で払うときは，ページの間から中に入り込まないよう，本をしっかりとつかみながら，天，前小口，地の順に汚れを払い落としていきます。

<その 2 >　エタノールで殺菌・消毒

つづいて，エタノールでカビを拭き取ります。エタノールは揮発性が高く，大量に吸い込むと気分が悪くなることがあるため，通気性のよい場所で作業する，長時間続けての作業はしない，など配慮が必要です。

カビを拭き取るときは，ワイピングペーパーに十分エタノールを浸み込ませます。ペーパーは，汚れを広げないため使用した面を折り込んで，汚れのない面を使いながら，こすらずに一方向に拭き取ります。ペーパーは汚れたらすぐに捨て，新しいペーパーに取り替えます。

固着したカビは練り消しゴムで取り除くことができます。紙についたカビの色素は漂白する方法しかありませんが，資料を傷めることにもなるため，そこまでする必要があるのか慎重に判断します。

カビ除去の作業が終わったら，防塵マスクや手袋などは密閉して捨てます。

(4) 棚，床，壁の消毒

カビが発生した場所の棚や床，壁にはカビの胞子が残っているため，消毒用エタノールで殺菌･消毒を行い，その後にカビ処置の終わった資料を戻します。

3.2 カビはなぜ発生するのか

カビの処理は大変手間と時間のかかる作業ですが，一度すべてを完了させればその後カビは発生しない，ということではありません。発生条件である「水分」，「カビの胞子」，「栄養」が揃ったときには，必ず再発します。

カビの胞子は空気中に浮遊していて，条件の揃った劣悪な環境（資料にとっては劣悪ですがカビという生物にとっては好適）では48時間で発生すると言われています。カビが発生しないような環境づくり，そのための対策を講じる必要があります。

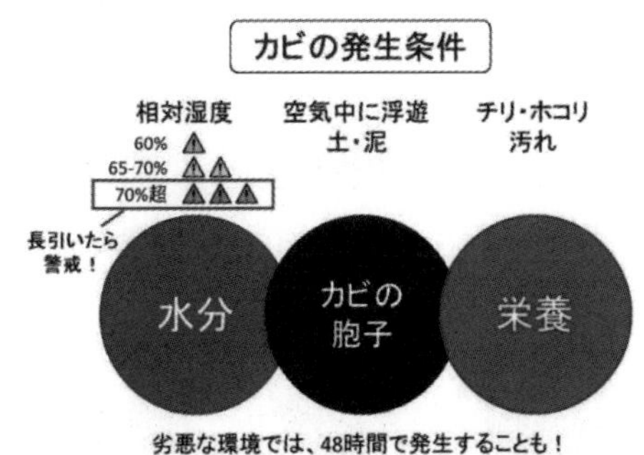

カビが発生したら，その要因を確認するのが予防対策の第一歩となります。

同じ場所でたびたび発生するのか（恒常的な要因），今回初めてなのか（一時的な要因）。発生場所はどういう場所か（書架の最下段で，湿気だまりが要因なのか？

集密書架で空気の滞留・湿気だまりがあったのか？）。発生したのはどういう状況か（庫内に人が立ち入る時間帯だけ空調を入れて急激な温度変化が起こったのか？　雨の日に窓や扉を開放し外気を入れていたため湿気が上がったのではないか？）など，さまざまな角度から要因を考えます。

環境チェック（温度湿度の変化を知る）

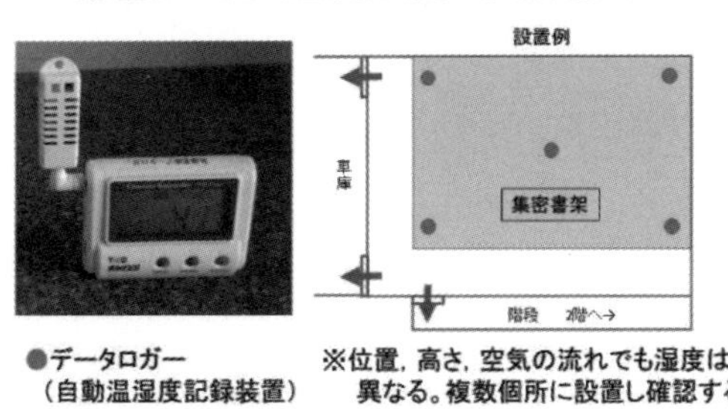

●データロガー
（自動温湿度記録装置）

※位置，高さ，空気の流れでも湿度は
異なる。複数個所に設置し確認する

データロガー（自動温湿度記録装置）等による書庫内の温度湿度の変化の把握は，要因の把握や改善策の検討，また環境監視をする際にも有効です。

3.3 予防対策

水分・カビの胞子・栄養の3つを抑えて，カビの発生を抑制することが予防対策となります。

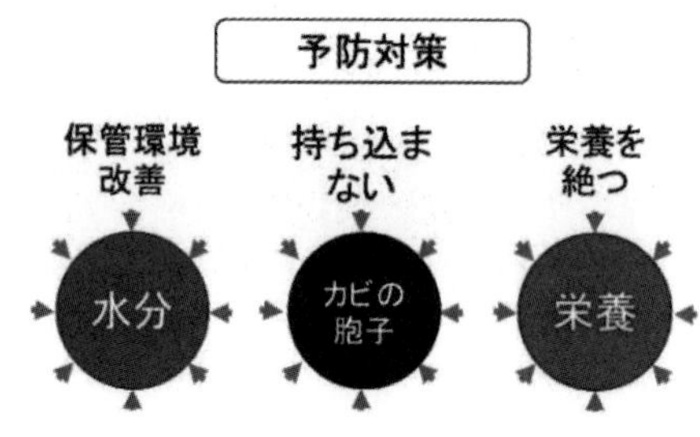

(1) 水分

十分な栄養があれば，カビによっては，相対湿度60％から65％でも発生する可能性があります。相対湿度を60％未満に保つようにすれば発生を抑制できます。除湿機を設置したり，湿気だまりが発生しないようサーキュレーター[2)]で空気を循環させたりすることが考えられます。急激な温度・湿度の変化を避け，結露が生じないようにすることも大事なポイントとなります。書架にゆとりがあれば，湿気だまりのある壁際や最下段には資料を置かないという対策がとれます。

(2) カビの胞子

カビの胞子は空気中に浮遊していて完全な遮断はできませんが，できるかぎり書庫内に持ち込まないことが大切です。

書庫内に出入りする職員が靴裏を介して持ち込んでいることが考えられるの

で，土足で書庫に立ち入らないことを徹底したり，塵埃除去粘着マット[3]を書庫の出入口に設置したりすると，胞子持ち込みのリスクの軽減が図れます。

(3)　栄養

資料に付着したホコリや汚れがカビの栄養源となります。資料だけでなく，書架のホコリや汚れを定期的に清掃することが，基本的かつ最も簡単な対策となります。

上記を踏まえ，カビが発生しやすい環境を改善し，再発しない環境づくりをすることが重要です。

施設改修や，空調設備・産業用除湿器の設置など，大規模な予算がともなう対策は難しいことがありますが，除湿機，サーキュレーター，塵埃除去マットなど，比較的低予算でできることもあります。まずはすぐにできることから取り組みましょう。

3.4　最後に　大事なのは予防

カビ対策でより重要なのは，予防対策です。考えられる環境改善をしたらそれで対策が終わるわけではありません。その後は，カビが発生しないように日常的に環境をチェックし，清掃などの予防対策を続けていきます。それでも空気中に浮遊するカビ胞子を完全に取り除くことはできないし，突発的にカビが発生してしまうことはどこでもいつでもあり得ます。早期にカビを発見できるような体制を整えて，発見したときにはすみやかに対処し，被害を最小限に抑えることを心がけたいものです。

（神原陽子）

注

1）　HEPA フィルター：High Efficiency（高性能）Particulate Air filter（粒子吸着空気ろ過装置）。空気中のチリをろ過して清浄化するエアフィルター。JIS 規格では 0.3 マイクロメートルの粒子の除去率が 99.97 パーセント以上のものと規定される。

2）　サーキュレーター：扇風機に似た，空気を循環（circulation）させる装置。扇風機は風を身体にあてることが目的だが，サーキュレーターは空気をかきまぜ動かすことが目的。サーキュレーターの気流は渦を巻きながら直進し，扇風機の風よりも遠くまで届く。

3） 塵埃除去粘着マット：：芯材の両面をウレタンのゲルなどではさみ，踏むことにより靴底のチリやホコリを取り除くマット。水洗いして使うタイプのほか，導電性ポリエチレンフィルムが数十枚積層され汚れたらはがして捨てていくタイプもある。

【参考】

・「カビが発生した資料をクリーニングする」（国立国会図書館「資料の保存」）
https://www.ndl.go.jp/jp/preservation/pdf/manual_mold.pdf

・「カビ対策」（東京都立図書館「資料保存のページ」）
https://www.library.metro.tokyo.lg.jp/guide/about_us/collection_conservation/conservation/mold/index.html

・「カビ対策マニュアル（平成 20 年 10 月 28 日）」（文部科学省）
https://www.mext.go.jp/b_menu/shingi/chousa/sonota/003/houkoku/1211830_10493.html

（URL 参照日は 2021 年 10 月 1 日）

第 4 章
災害対策・水損資料への対処

近年は毎年のように自然災害が発生し，図書館もその被害にあっています。地震・水害・火災……災害に襲われたとき，あなたの図書館がどうなるか，あなたならどうするか想像してみてください。私たちができることを一緒に考えてみましょう。

災害には人間の立場からみると地震，洪水，豪雨，火事などさまざまあります。しかし，資料の立場から見た場合，燃える，水に濡れる，落下して破損する，破損したガラス類を被る，の 4 種類にほぼ当てはまります。これら 4 種類への対応には優先順位があります。最も優先すべきは「水に濡れる」です。ここでは水損資料への対処を中心に災害対策についてご紹介します。

災害対策には「予防」,「準備」,「緊急対応」,「復旧」の 4 つの段階があります。しかし，実際に被害にあってからできることは限られています。被害にあう前の予防と準備，つまりは事前対策をしておく必要があります。事前対策こそが最大かつ有効な対策といえます。

4.1　災害がおきないうちに…「事前対策」

(1)　予防－ 1 の予防は 10 の治療に勝る！

予防は自館のリスクを知ることから始まります。

まずは立地と建物です。自治体が出している「ハザードマップ」は必ず確認してください。もし自館が浸水の危険地域にある場合，貴重な資料は上層階に配架したり，書架の上部に移動したり，といった対策が必要です。浸水の危険地域ではない場合でも，安心してはいけません。

例えば東京都立中央図書館は公園内の高台にあり，ハザードマップ上では浸水の恐れはありません。図書館の外観に目を向けると，建物は真四角ではなく，テラスなどがあり凸凹しています。公園内にあるため，秋には落ち葉が建物に降り注ぎ，テラスの排水溝に落ち葉がたまります。もしこのまま放置したとすると，大雨のときには水があふれ，雨漏りする可能性があります。排水溝の定期的な点検が必要です。また，改修工事を行ったら今までは何ともなかった部分で漏水が発生した，という事例も耳にします。豪雨のときは天井に水ジミが発生してないか，照明器具からの漏水がないかなど，よく注意して見てみましょう。老朽化した建物ではいつどこで漏水が発生するかわかりません。夜間に大雨が予想される場合は，資料にブルーシートをかけて帰るといった対策も有効です。

ブルーシートで資料を保護

次は書庫でのリスクを考えます。やってしまいがちなのは整理中の蔵書の床置きです。蔵書が入った段ボールを床に直置きして積み上げておくと，床が浸水した際，一番下の段ボールが濡れて崩れ，上に積んであった段ボールも崩れ落ち，悲惨な状態になります。資料の床への直置きは避けましょう。一時的にどうしてもおかなければならない場合は，スノコを敷くなど少しでも床から離しておきます。

最後は資料のリスクです。どんな図書館でも守るべき資料があります。それは，郷土資料など自館にしかない資料です。守るべき資料は何か，その資料はどこに配架されているのか，皆で情報を共有しておくことが大切です。大切な資料は保存箱に入れて高い場所に置いておくというのもよいでしょう。ただし，高い場所は地震の際，落下の危険性が高くなるため，落下防止策も併せて行いましょう。

【リスクを知ろう】[1)]
あなたの図書館ではどんな災害からどの資料を守りますか？
(1)　外まわり
・側溝は詰まっていませんか？
・大雨で水が流れ込んできたり，裏の斜面が崩れたりする危険はありませんか？
・自然災害の危険性をハザードマップで確認していますか？
(2)　建物
・壁に大きな亀裂や裂け目はありませんか？
・配水管や電線は定期点検していますか？
・火災報知機や消火設備を定期点検していますか？
(3)　書庫
・書架には転倒防止策を施していますか？
・書架の上を配水管が通っていませんか？　配水管が書庫の上にある場合，その下には貴重な資料は置いていませんか？
・資料を床に置いていませんか？
(4)　資料
・守るべき資料の優先順位は決まっていますか？
・大切な資料が危険な場所に配架されていませんか？
・被害を軽減するために資料を適切な容器に入れていますか？

(2)　準備－万一のとき，誰が何をするか，決まっていますか？

リスクを知った上で行う次の段階は「準備」です。災害はいつでも発生します。閉館中や夜間など職員がいない場合に起こったらどうするか，決まっていますか？　緊急対応にあたるメンバーやその連絡先を含めた行動マニュアルを作成し，図書館の職員だけでなく，建物の管理会社とも確認しておきます。また，必要な資材も平時に蓄えておきます。例えば，次ページの図は東京都立図書館で準備している被災資料救済セット[2)]です。A セットが現場対応用，B セットが資料対応用です。

現場対応用は，漏水が発生した場所で使うことを想定した資材を揃えています。資料対応用は水濡れ資料の応急処置に使うための資材です。ブルーシート，雑巾，バケツ，ポリ袋，タオル，吸水紙等，揃えられるものから必要に応じて備えておきましょう。

そしてぜひ用意しておきたいものが，冷凍庫です。冷凍庫があれば濡れた資料を救う可能性が広がります。また，乾湿両用の掃除機があるとすばやく床の吸水ができ便利です。準備した資材の中身や置き場，資料の乾燥法などを確認する定期的な訓練の実施により被害を減少することができます。館外の専門家や協力者の連絡先も確認しておきましょう。

【被災資料救済セット】

Aセット（現場対応用）　赤い容器

	目的	No	品目	数量	用途
水漏れの発見	水の除去	1	吸水土のう	6個	吸水及び水濡れ範囲拡大防止
		2	バケツ	3個	
		3	雑巾	30枚	汚れの拭取り、吸水など
		4	新聞紙	適量	吸水及び資料梱包
	隔離	5	ブルーシート	2枚	現場養生
		6	ビニール紐	1個	
		7	養生テープ	2個	
		8	はさみ	1個	
		9	ポリ袋	100枚	一時的な乾燥防止（主に塗工紙）
	資料の避難	10	軍手	10双	防護
		11	マスク	1箱	防護（50枚入）
		12	ゴム手袋	1箱	防護（100枚入）
		13	台車		適宜あるものを使用
	記録	14	カメラ	1個	
		15	被災記録票	適量	
		16	油性ペン	3本	
		17	鉛筆	12本	
	収納	18	コンテナ	1個	救済セット収納用（バケツ代用にも）

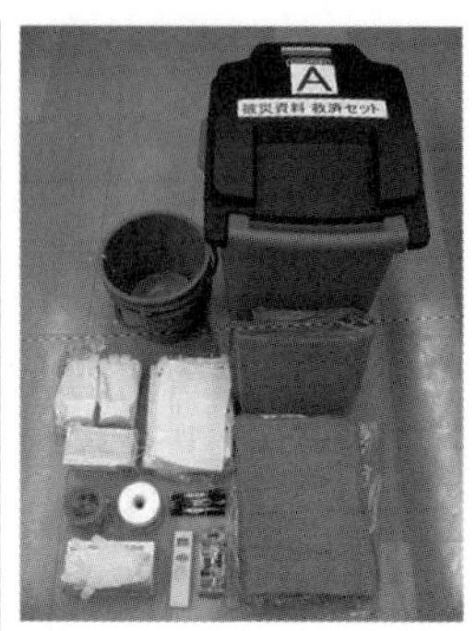

Bセット（資料対応用）　青い容器

	目的	No	品目	数量	用途
資料の救済	資料の乾燥	19	タオル	30枚	吸水
		20	吸水紙	8束	吸水
		21	竹へら	10本	ページ剥がし
		22	ピンセット	10個	ページ剥がし
		23	耐水紙	1本	貼りつき防止（主に塗工紙）
		24	不織布	適量	貼りつき防止（主に塗工紙）
		25	板		適宜あるものを使用
		26	重し		適宜あるものを使用
	時間かせぎ	27	脱気処理法器材セット		カビ抑制のため
		28	ポリ袋	100枚	一時的な乾燥防止（主に塗工紙）
	カビ発生防止	29	白衣	10着	防護
		30	エタノール	1本	消毒（500ml入）
		31	マスク	10枚	防護
		32	霧吹き	2本	エタノール入れ
	収納	33	コンテナ	1個	救済セット収納用

4.2　災害が起きてしまったら…「対処」

(1)　緊急対応－被害を最小限に抑えよう！

「被災・水濡れ資料の救済マニュアル」画面

準備していたマニュアルに従って行動し，必要に応じて専門家に連絡します。まず，資料を被害現場から安全な場所に移します。水濡れ資料はカビの危険があるため，一刻も早い対処が必要です。実際に水濡れ被害にあったらどう対処したらよいのか，そして，どう資料を救ったらよいのか，利用者や職員の安全確保が最も優先されるのは言うまでもありませんが，身の安全が確保されたあと，資料を救済する一連の流れについては，東京都立図書館が作成した動画「被災・水濡れ資料の救済マニュアル」[3)]をご覧ください。この動画で紹介した「自然空気乾燥法」は誰でもできますので，疑似被災資料を作成し，一度試してみることをお勧めします。

水濡れ資料は救えます。それには資料を残そうと思う「あきらめない志」が必要です。もし，自分たちだけでは対応しきれなくなった場合，助けを求めてください。日本図書館協会の図書館災害対策委員会や国立文化財機構文化財防災センターなど，相談できる機関があります。また，日本図書館協会から刊行している『水濡れから図書館資料を救おう！』[4)]にも「困ったときの情報源・参考資料」の記載がありますのでご参照ください。

【助けを求める】

上部機関等へ連絡し，日本図書館協会にも連絡してください。

・日本図書館協会・図書館災害対策委員会

　電話：03-3523-0811　電子メール：saigai@jla.or.jp

　http://www.jla.or.jp/committees/tabid/600/ Default.aspx

【さらに，資料救済について「助けを求める」とき】

・文化財防災センター　https://ch-drm.nich.go.jp/

・歴史資料ネットワーク（史料ネット）　http://siryo-net.jp/

・SaveMLAK　https://savemlak.jp/

(2)　復旧－それぞれの館にふさわしい方法で！

さまざまな経験や専門家のアドバイスを参考にし，迅速かつ冷静に対処することで，大切な資料を救済できます。また，「取り替える」，「捨てる」という選択をすることもあります。

最後に，忘れてはならないのが「記録」です。被災直後や作業途中の写真，被災した資料の冊数，対応した人の人数，購入した物品等，なるべく詳細にメモや記録をとっておきましょう。これらの記録が今後の対策につながります。

（佐々木紫乃）

注

1）　日本図書館協会資料保存委員会　パネル「利用のための資料保存・災害編」2006（p.57参照）
このパネルはA2判4枚で，詳細や貸出申込は日本図書館協会資料保存委員会まで。
http://www.jla.or.jp/committees/hozon/tabid/96/ctl/Edit/mid/460/committees/hozon/tabid/115/Default.aspx

2）　東京都立図書館資料防災マニュアル「別紙1　被災資料救済セット」
https://www.library.metro.tokyo.lg.jp/guide/uploads/bousai1set.pdf

3）　東京都立図書館「被災・水濡れ資料の救済マニュアル」動画（17分）
https://www.youtube.com/watch?v=svCK-yQDyOs

4）　眞野節雄編著『水濡れから図書館資料を救おう！』（JLA Booklet no. 6）日本図書館協会，2019

【参考】

・「災害対策」（東京都立図書館「資料保存のページ」）
https://www.library.metro.tokyo.lg.jp/guide/ about_us/collection_conservation/conservation/disaster/index.html

・「資料防災」（国立国会図書館「資料保存」）
https://www.ndl.go.jp/jp/preservation/collectioncare/disaster_p.html
（URL参照日は2021年10月1日）

【資料】パネル「利用のための資料保存・災害編」

災害対策は、「予防」から「復旧」までの４つの段階があります。しかし、災害に遭遇してからできることは限られているといっていいでしょう。ふだん私たちにできることは、被害を最小限にするための「事前対策」です。「事前対策」こそが最大かつ有効な対策です。

災害が起きないうちに…「事前対策」

予防

１の予防は１０の治療に勝る！

災害の可能性、危険箇所などを洗い出し、対策を講じ、改善に努め、被害を受けにくい環境づくりをすすめます。防災設備などの日常的な点検・管理も大切です。また、蔵書を評価し、救出すべき資料の優先順位を定めます。それによって、資料の保管場所を変えることもあるでしょう。

準備

万一のとき、誰が何をするか、決まっていますか？

いざというときのための態勢を決め、マニュアルを作成します。通報・連絡網を準備し、必要な資材を用意しておきます。定期的な訓練により危険を大きく減少することができます。館外の専門家や協力者の連絡先も確認しておきましょう。

災害が起きてしまったら…「対処」

緊急対応

被害を最小限に抑えよう！

マニュアルに従って行動し、必要に応じて、専門家に連絡します。まず、資料を被害現場から安全な場所に移します。

復旧

それぞれの館にふさわしい方法で！

災害復旧に関する知識は以前に比べたくさん得られるようになりました。
さまざまな経験や専門家のアドバイスを参考にし、迅速かつ冷静に対処することで、大切な資料を救済できます。
また、「取り替える」「捨てる」という選択をすることもあります。

パネル「利用のための資料保存：図書館資料の劣化とその対策展」災害編②

リスクを知ろう

予防

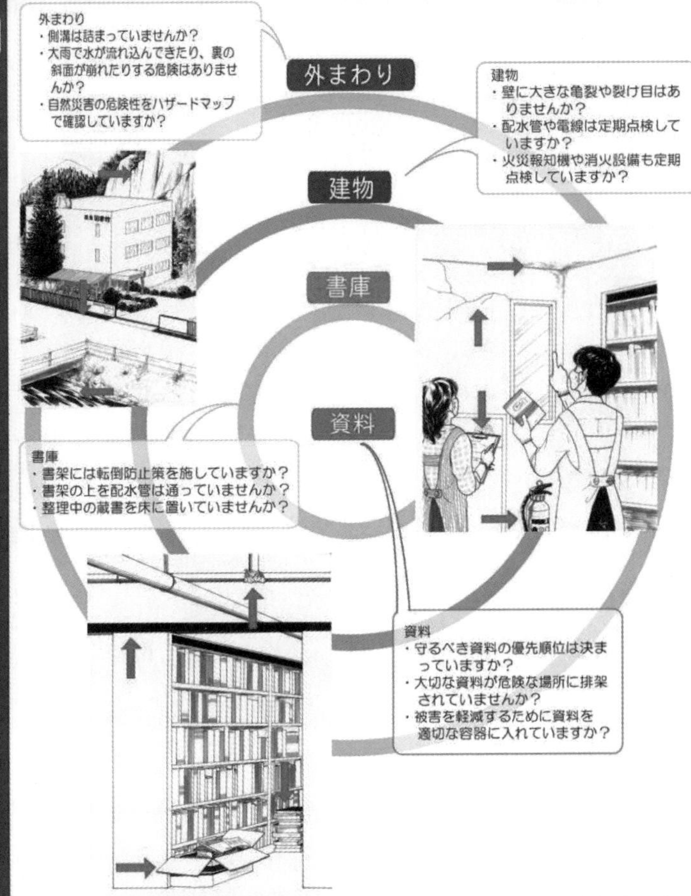

あなたの図書館では どんな災害から どの資料を守りますか？

パネル「利用のための資料保存：図書館資料の劣化とその対策展」災害編③

準備

＊緊急時に備えて、行動マニュアルを作成しておきましょう。

＊緊急対応にあたるメンバー表や緊急連絡先など確認しておきましょう。

＊必要な資材（懐中電灯・扇風機・ビニールシート・軍手・ビニール手袋・ポリ袋・タオル・吸い取り紙・など）を備えておきましょう。

【参考資料】『書庫の救急箱』全国歴史資料保存利用機関連絡協議会防災委員会発行　1998

緊急対応

復旧

2003年7月、豪雨で被災した福岡県飯塚市立図書館での片付け作業
（飯塚市立図書館提供）

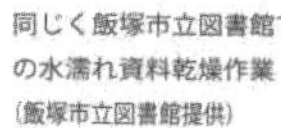

同じく飯塚市立図書館での水濡れ資料乾燥作業
（飯塚市立図書館提供）

＊人・施設・資料の安全確保を第一に。片付けは安全な装備・服装で、やみくもに行うのではなく、優先順位を考えて。被害の記録も忘れずに。

＊水による被害から資料を守りましょう。水害時はもちろん、地震に伴う配水管の破裂や火災消火時の水濡れも資料には大敵。

＊水濡れ資料は、カビが出たら大変！　室内の換気を良くし、温度・湿度を下げましょう。カビはおよそ48時間で発生します。

【参考資料】『図書館，文書館における災害対策』
サリー・ブキャナン著　安江明夫監修　日本図書館協会　1998

パネル「利用のための資料保存：図書館資料の劣化とその対策展」災害編④

第5章
保存容器

5.1　なぜ容器に入れるのか？

資料保存の方策の中で最も重要とされる「予防」，そのための簡易な方法の一つとして，容器への収納が挙げられます。利用するのに支障がない場合には，資料本来の形をつくり替えることとなる修理は行わず，容器を活用しましょう。容器収納の目的には以下のようなものがあります。

保存容器

(1)　保管環境

資料を容器に収納する第一の目的は，資料の保管環境を整えることです。適切な容器に収納することで，容器が緩衝材となり，劣化の原因となる温湿度変化，紫外線，ホコリ，虫，カビ，大気中の汚染物質などから資料を保護します。すでに資料が劣化している場合にも，環境を整えることで被害の進行を抑えられます。

(2)　配架

図書館ではさまざまな形や大きさの資料を所蔵しています。容器に入れ形状を揃えることで，並べやすく，また利用しやすくなります。小さすぎて他の資料の間に埋もれてしまいそうな資料や，薄くて脆弱な資料を容器に入れることで，紛失や破損の危険から守ることができます。請求ラベルを直接資料に貼れない場合，容器に貼って配架することも容器の使い方の一つです。

また，革の劣化で起きるレッドロット[1]やステープルによる錆のように，まわりの資料を汚してしまいそうな資料を容器に収納することで，ほかに影響を与えずに済みます。

(3) 利用

資料に直接触れずに出納・運搬でき，取り扱いやすいというメリットもあります。「取扱いに注意してください」といった注意喚起のラベルを容器に貼ることで，利用時の事故が避けられます。

(4) 災害対策

火災，地震による落下や水害時の水濡れから資料を守り，被害を減らします[2)]。

災害時は多量の資料をレスキューしなければなりません。破損しているけれどすぐに処置ができない場合，被災状況を悪化させないために容器に入れることも効果的です。

5.2 容器の素材

日本では古来より，桐や杉の箱，布貼りの帙などに資料を入れて保管してきました。ただし，費用面での制約や取扱いのしやすさ，素材の安全性という観点から，近年では主に中性紙やポリエステルフィルムが使用されています。素材としては，長期的に安定しているという点が重要です。

(1) 中性紙

最もよく使用される素材は中性紙の保護用紙です。酸やリグニン[3)]を含まず，pH 値や酸化への耐性が基準値をクリアしたものを使いましょう[4)]。

中性紙には，酸性物質に対してアルカリが緩衝材[5)]となる弱アルカリ性のアルカリバッファ紙，酸もアルカリも含めずにつくられたノンバッファ紙があります。一般的な紙資料の保護にはアルカリバッファ紙を，写真や革装丁などアルカリに弱い資料の場合にはノンバッファ紙を使用しましょう。

書籍用紙ほどの薄さのものから，しっかりとしたボードまで，さまざまな厚さの用紙があります。中には段ボールのような形状のものもあります。資料の形状，作成する容器の種類によって使い分けましょう。

(2)　ポリエステルフィルム

ポリエステルは樹脂の中で最も安定性が高く，化学反応を起こしにくい素材として知られています。透明なので，一枚物の資料をポリエステルフィルムのフォルダに挟めば，資料に直接触れることなく閲覧できます。ブックカバーとして使用すると，背に書かれたタイトルや表紙の装飾等が見えることがメリットです。厚さも数種類ありますので，資料の形態に合わせて選択します。

ポリエステルフィルムで資料を挟み，四方を封じて資料の劣化の進行を止めるエンキャプシュレーション[6]という保存方法にも使用されます。ただし資料が酸性紙の場合，劣化を速めてしまう危険があるため，脱酸処理を行ってから封入しましょう。

5.3　容器の種類

容器と一口に言っても，さまざまな種類があります。収納する資料の形状や保管環境，利用状況等に合わせて選択してください。専門の業者に外注する場合もありますが，簡単なものでしたら館内で作成することもできます。館内で作成するメリットは，資料を館外へ持ち出さずに済む，安価である，必要な時にすぐにつくれるといったことです。

(1)　封筒

最も簡単な方法は封筒に入れることでしょう。

中性紙でつくられた定型の封筒が各種市販されています。きつすぎると出し入れの際に資料を傷めてしまいます。余裕

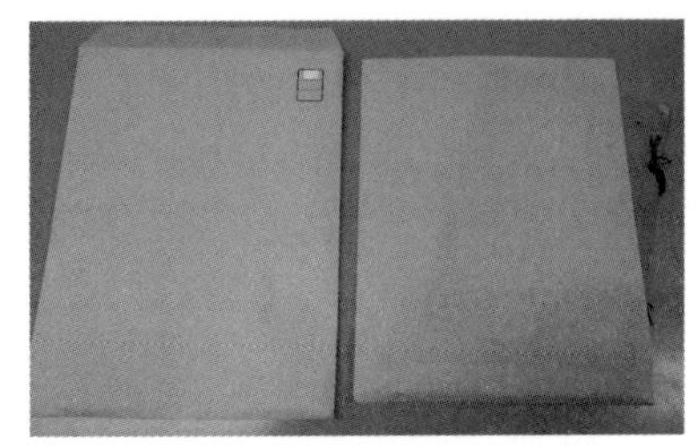

資料を紙に挟んで封筒に入れる

をもった大きさの封筒を選びましょう。マチのある封筒もありますので，資料の厚みに合わせて選びましょう。自分で封筒の底を折ってマチをつくることもできます。

劣化している，小さい，または薄手の資料は，二つ折りにした紙で挟んだ上で封筒へ収納すると安心して出し入れができます。

(2) カバー

ブックカバーも容器の一つと言えるでしょう。

ブックカバー

中性紙やポリエステルフィルムでカバーをすることで，資料の外側の素材を保護する，まわりの資料にダメージを与えない，利用しやすいといった効果が考えられます。本の表紙の厚み部分もしっかりと折ると資料になじみやすいです。ポリエステルフィルムは反発力が強く折りにくいため，何度も繰り返し折りすじをつけて折りましょう。

(3) 箱

箱に入れる

各種定型のものが市販されていますが，資料の大きさに合わせて外注することもできます。隙間があると箱の中で資料が動いて傷んでしまう危険があるため，できるだけ資料にぴったりのサイズにしましょう。資料の状態によっては，薄葉紙でくるんで収納するほうがよい場合もあります。その際には，くるんだ状態の大きさを基に箱を作成しましょう。内箱と外箱が分かれたタイプ，一体化したタイプなど，さまざまな形があるので，資料の形状，利用の頻度や方法を踏まえて検討しましょう。段ボール状のボードを使用した箱もありますので，大きく重い資料を収納する際に利用するとよいでしょう。

(4)　ケース

ケースは厚手の硬さのある紙で作成します。書架に置いた際に資料の背が見えることが長所です。ブックシューといって，ケースの底に紙を貼り合わせて枕のようにし，本文用紙が落ちないようにしたものもあります。大型で重みのある資料に使用します。

厚手の紙を折るのが難しい場合は，紙を少し湿らせると作業がしやすくなります。紙が重なる箇所がありますので，紙の厚みも考慮に入れて作成しましょう。

ケース（ブックシュー）

帙

(5)　帙

和本の収納に使用されていることが多い，四方もしくは横の二方向をくるむ形の容器を帙（ちつ）と言います（p.33 も参照)。従来の布貼りの帙は，中のボードが酸性紙である可能性もあります。新たに作成する際には，使用するすべての素材が長期的に使えるものであることを確認するようにしましょう。なお，布貼りの帙は見栄えがよく豪華ですが，高額です。資料の価値や利用状況を考慮して容器の素材を選びましょう。

帙にもいろいろな形，つくり方があります。板紙のような厚めのもので作成すれば，かなりしっかりとして書架に立てたり，重ねることができます。薄手の紙で丈夫な帙をつくることもできます。虫の侵入を防ぐために，フラップ(折込部分）を付けるとよりよいでしょう。

薄手の紙でつくる方法は，次のサイトを参考にしてください。

・国立国会図書館「簡易帙を作る（三康図書館方式)」
https://www.ndl.go.jp/jp/preservation/pdf/3_demonstration_2019.pdf

・国立国会図書館「動画で見る資料保存：簡易帙をつくる」
https://www.ndl.go.jp/jp/library/training/remote/simplecontainer.html

5.4　容器収納時の注意点

収納前にはクリーニングやカビ除去など，最低限の処置を行ってください。資料の状態を記録しておくことも大切です。容器に収納すると中身のコンディションを確認しづらくなり，気がつかないうちに容器の中で資料の傷みが進む危険があるので，収納後も定期的な状態確認を行いましょう。

（川原淳子）

注

1）　レッドロット：red rot（赤腐れ)。皮革のコラーゲン組織が長期間空気にふれることにより破壊され，赤茶色になって割れたり崩れたり，粉状になってはがれてしまったりする現象のこと。

2）　2019 年 10 月の令和元年東日本台風により浸水の被害を受けた川崎市民ミュージアムの報告の中に「保存用の中性紙箱に収めて可動棚に置かれていたこともあり，ほとんどの収蔵品はほぼ棚の同じ位置に留まった状態であった」との記録がある。また，「箱の中身は想像以上に良い状態であった」とも報告されている。一方，資料が直接置かれていた書架では，「水を吸って膨らんだ雑誌が 3m 近い可動棚を破壊しており，予期しない崩壊を起こす危険性が非常に高かった」ということで，箱の有無によって被災資料の状態に大きな差が出た事例となった。

「令和元年東日本台風から 1 年－川崎市市民ミュージアム被災収蔵品レスキュー活動の記録－川崎市，2020.10
https://www.city.kawasaki.jp/templates/press/cmsfiles/contents/0000122/122135/kawasakicitymuseumhoukokusyo.pdf

「国立国会図書館の保存容器」（第 31 回保存フォーラム　戦略的「保存容器」の使い方－さ

まざまなカタチで資料を護る）関さやか（国立国会図書館収集書誌部資料保存課洋装本保存係長），2020.12
https://www.ndl.go.jp/jp/event/events/forum31_text4.pdf

3）リグニン：木質素。樹脂。樹木は親水性の繊維（セルロースなど）を疎水性のリグニンが接着し強化する構造になっており，紙をつくる際はリグニンを溶かして除去しセルロースを取り出す。紙にリグニンが残ると光や酸素にふれて変色してしまう。

4）2009年にISO（国際標準化機構）によって“Information and documentation − Boxes, file covers and other enclosures, made from cellulosic materials, for storage of paper and parchment documents”（ISO 16245）が発行されている。強度や吸水性，pH値やアルカリへの耐性などが定められている。また，Photographic Activity Test（PAT）（ISO 18916）という写真用の包材に関する試験をクリアしていることも一つの指標となる。

5）緩衝材（バッファ）：資料に対する酸の影響を緩めるための素材のこと。

6）エンキャプシュレーション：一枚物の資料を不活性のポリエステルフィルムで両面から挟んで封入し，資料を保護する方法。ポリエステルフィルム封入法とも呼ばれる。
「フィルム・エンキャプシュレーション」東京都立図書館，2020.12改
https://www.library.metro.tokyo.lg.jp/guide/uploads/12_film2020.pdf

【参考】

・相沢元子，木部徹，佐藤祐一『容器に入れる－紙資料のための保存技術』日本図書館協会，1991

・「防ぐ技術・治す技術－紙資料保存マニュアル－」編集ワーキング・グループ編『防ぐ技術・治す技術－紙資料保存マニュアル』日本図書館協会，2005

・「保存・保護のための容器・装備」（東京都立図書館「資料保存のページ」）
https://www.library.metro.tokyo.lg.jp/guide/uploads/kairu.pdf
（保存容器関連資材取扱い企業）

・ラーソン・ジュール
http://www.cxd-japan.com/index.html

・TTトレーディング
http://www.tokushu-papertrade.jp/
（URL参照日は2021年10月1日）

第 6 章
資料修理－基本的な考え方と技術

6.1 修理，その基本的な考え方

第 1 章で述べたように，資料保存の方策はさまざまです。保存容器に収納するなどの「予防」や資料の状態や保存環境の「点検」，複製をつくったりメディア変換したりする「代替」などです。これらの方策では有効でない場合に，やむを得ず「修理」という選択肢が出てきます。しかし従来，資料保存といえば，できるだけ良好な環境で大切に保管し損傷したら修理する……という考え方をしてきた歴史があり，また現実にも日々損傷した「修理本」と格闘せざるを得ません。修理は，資料保存の 5 つの方策の中で最も身近で，とにかくやらざるを得ない作業であるのも事実でしょう。

「修理」を行う際にも，図書館資料を修理するとはどういうことか，何のために，何を，いつまで，どのように修理するのか，といったことについて基本的な考え方が必要です。ところが，この修理に対する考え方や，その修理方法が間違っていたり不健全だったりしがちです。

まず前提が違います。資料が損傷しているとどうしても修理したくなりますし，修理しなくてはならないと思ってしまいますが，壊れていたら治すのではなく，できるだけ修理はしないというのが大原則です。なぜかというと，修理をするとどうしても資料の元の形を変えてしまうからです。放置すれば劣化や損傷が進行するという場合を除いて，修理することはその資料（紙）にとってよいことは何もありません。

修理するということは，水分を与えたり，糊を塗ったり，何かを貼ったりすることです。それは資料に何らかのストレスを与えることになります。ときには大きなダメージをも与えかねません。また，修理は資料丸ごとをどうにかするわけでなく，損傷部分にのみ手を入れることですから，他の部分との強さのバランスが崩れて，修理した部分がいくら丈夫になっても他の部分の損傷を引き起こしやすくなるのです。

しかし，どうしても修理せざるを得ない場合があります。それは「利用のため」です。図書館資料は利用されるためにあるのですから，修理しないと利用できなければ修理せざるを得ません。修理するメリット，デメリットを考えて，まず「修理するかしないか」を判断する必要があります。その上で修理するとなった際の原則として，国際図書館連盟は，①できるだけ元の姿を壊さない，②元に戻せる材料・方法，③安全な材料を使用，④修理の記録を残す，と示しています[1)]。図書館資料は千差万別で文化財的なものも含まれるので，それも考慮しての原則ですから，保存年限に応じてこの原則は緩めることができますし，資料の状態も千差万別ですから，資料によって使う材料も方法も違ってきます。すべての資料に共通する修理のマニュアルは存在しません。しかし，いずれにせよ図書館資料を修理するときの大原則は「利用に耐えうる最小限の修理」です。修理する目的が「利用のため」ですから，そのための必要最小限の修理にとどめ，それ以上のストレスを与える修理をすべきではありません。したがって，利用の激しい資料と，ほとんど利用されない資料とでは，その材料，方法が異なってきます。

最小限にとどめ，いかにバランスを崩さず長持ちさせるかという「やさしい修理」と，もう一つのポイントは，本や紙の性質を考えて修理することです。本はその構造上，さまざまな工夫がされています。資料の破損や修理という視点からみると，「利用しやすい，読みやすい工夫」です。これは「開きやすい工夫」ともいえます。この「開きやすい工夫」が本を壊れにくくしているのです。以前は開きやすいように糸で綴ってあった本が，最近ではそのほとんどが無線綴じと呼ばれる背を接着剤で固めた構造になっています。これはノドまで本が開きませんので，読むときは常に押さえつけていなければなりません。するとノド元に常に力がかかって，壊れやすくなってしまいます。また，本体の背と表紙の間に空洞をつくるホローバック[2)]と呼ばれる製本方法や「丸背」[3)]，「山出し」[4)]なども開きやすくする工夫です。これらの工夫を修理によって台無しにしないようにしなければなりません。

紙にも工夫があります。紙はその製造過程で紙の繊維が一定方向に並びます。繊維の並んだ方向を「縦目」，横切る方向を「横目」，「逆目」といいますが，両者はさまざまな性質の違いがあります。例えば，縦目方向には曲がりやすく，横目には曲がりにくいという性質がありますから，本の紙は原則縦目の紙を使ってあります。横目の紙では本がとても開きにくくなってしまうからです。それを無視して修理のときに紙を横目で使ってしまうと，そこだけ開きにくく，突っ張ってしまって，壊れやすくなってしまいます。

6.2 修理，その基本的な技術

どのような修理をどこまでするか，いずれの場合でも共通する技術的原則があります。それは「やさしい修理」の実現，「強固にするのではなく，柔らかく」です。修理のデメリットをなるべく少なくするための原則です。

それを実現するポイントは，次のようになります。

○紙はできるだけ和紙を使用

○糊はできるだけでんぷん糊，できるだけ少量

さらに加えて具体的にいえば，次のようになります。

①粘着剤つきの補修テープはなるべく使用しない。保存年限の長いものには厳禁。

②紙の目に注意する。

③糊は濃さも薄く，塗る厚さも薄くする。はみ出たらふき取る。貼ったら押さえる。

④水分を与えたら，形を整えて，乾くまで押さえる。一度に一工程。

これらは，どんな資料に手を入れるときにも，その資料を長持ちさせるために適用されます。きちんと守っていれば健全で美しい修理が実現します。

6.3　基本的な修理における注意点

ページ破れの補修などの基本的な修理の実際については，東京都立図書館・資料保存のページ「ページとノド部分の修理」のテキスト[5)]を参照してください。

では，できるだけバランスを崩さず，柔らかく，やさしい修理を実現するための注意点について，具体的なポイントをいくつか説明します。

修理で使用するのは，水と紙と糊です。

○水

水を使うときの注意点は，紙に水分を与えると，乾くときに歪み・波うちが生じて紙が“暴れる”ことです。糊（水分が多く入っている）も同様です。ですから，乾くまで必ず紙が暴れないように板に挟んで重しをするなど，押さえておく必要があります。

○紙

和紙を使っていれば問題ありませんが，洋紙を使用せざるを得ないときもあるでしょう。いずれにしても，紙目は原則として「縦目」で使用します。

○糊の種類

修理を不健全にしてしまう一番大きな問題は糊の使い方です。

前項で，できるだけでんぷん糊を使うことと言いました。強力な接着力が必要なノド部や背まわり以外は，でんぷん糊だけで十分です。ノド部や背まわりにはいわゆる木工用ボンド（化学糊）を使用せざるを得ませんが，木工用ボンドは紙に対しては接着力が強すぎますから，でんぷん糊と混ぜて使用します。「でんぷん糊２：ボンド１」程度の割合で混ぜて水で薄めます。化学糊は一般的に接着力が強くなればなるほど速く乾くので，便利なように思いますが，いったん乾くと硬くなり，また二度と剥がせない場合もありますから，例えばプラスティックを接着するような強力なボンドなどは使用してはいけません。

○糊の使い方

柔らかく仕上げるには，できるだけ量を少なくします。濃度もなるべく薄く，塗る量も薄くのばして塗ります。でんぷん糊にしてもボンドにしても，容器から出したままの原液では大変濃い状態ですから，水を加えて薄めます。

薄い糊で接着させるためのポイントは以下のとおりです。

・よく練って，均一に溶かす。

・均一に，まんべんなく薄く塗り，よくなじませる。ボタボタ状態は厳禁。

・貼ったら擦る。乾くまでよく押さえる。

可能であれば，貼った箇所を上から濡れタオルで押さえると，さらになじみ，余分な糊を取ってくれます。

糊の濃度は，本紙の厚さと，それによって決まってくる使用する和紙の厚さによっておおむね決まります。通常の書籍用紙であれば，10g/m^2 程度の薄い和紙で，糊はほぼ水で，多少粘り気がある程度です。

貼ってそのまま置いておいて接着するような場合は，異常に糊が濃いといえましょう。擦ったり（必ず紙を当ててその上から），乾くまで押さえておいて，ようやく接着するくらいの濃度でなくてはいけません。また，貼ってすぐに，まだ濡れている状態のときに，資料を歪ませるような力をかけてはいけません。薄い糊であればはがれてしまうのが当たり前です。形を整えて押さえておきましょう。紙が暴れるのを防ぐためと，薄い糊で接着させるためには，乾くまでよく押さえておくことが必須です。

○押さえ方の注意

薄い糊で接着させるためには，乾くまでしっかりと上から押さえておくことですが，本は実際には直方体でない場合もあります。

特にノド部に糊を入れる場合ですが，ソフトカバーの本でもノド部（背の方）の厚さが前小口より薄い場合があります。その場合，板に挟んで重しをしても，肝心のところがしっかりと押さえられていない場合があります。その場合は，例えば厚手の板紙を細く切り出してノド部（背の方）に当てがって，その上から板をのせて重しで押さえましょう。また，ハードカバーの本の場合は「溝」があって，肝心な押さえたいところが押さえられていません。溝に編み棒（4号程度）や，バーベキュー用の丸串を当てがってから押さえましょう。背など上から押さえられない場合は，伸縮用包帯などを均一に巻いてください。クリップや輪ゴムは，均一に押さえられず，歪みを生じさせる原因になります。いずれにせよ，押さえたいところがきちんと押さえられているかどうか確認して，必要な部分に力が加わるように工夫しましょう。

（眞野節雄）

注

1）「図書館における保護と修復の原則」（“Principles of Conservation and Restoration in Libraries”，IFLA Journal, Vol.5 No.4, 1979）

2）ホローバック：hollow は空洞，back は背の意味。本の背の製本様式の一つで，表紙の背と中身の背を接着しない仕上げ方。腔背（あなぜ）ともいう。本を開くと背の部分に空洞ができる。開きやすく背文字も傷みにくい。

3）丸背：本の製本で，本の背の部分を丸くする仕上げ方。背を平らに仕上げる角背（かくぜ）に対していう。ページ数の多い本を開きやすく壊れにくくするための工夫。

4）山出し：製本工程の一つで，耳出し（みみだし）やバッキングともいう。本の中身を背の上部だけはみ出させて左右から万力などで締め付け，背の部分をハンマーで叩いて整える作業。表紙と中身をしっかり接着させ，本の開きをよくする。

5）「ページとノド部分の修理」（東京都立図書館「資料保存のページ」）
https://www.library.metro.tokyo.lg.jp/guide/uploads/01-2_kiso_hoshuu2020.pdf

【参考】

・東京都立図書館「資料保存のページ」
https://www.library.metro.tokyo.lg.jp/guide/about_us/collection_conservation/conservation/index.html

・「基本的な考え方と技術」（東京都立図書館「資料保存のページ」）
https://www.library.metro.tokyo.lg.jp/guide/uploads/kange.pdf

・「修理のための基礎知識」（東京都立図書館「資料保存のページ」）
https://www.library.metro.tokyo.lg.jp/guide/uploads/01-1_kiso_chishiki2020.pdf

・日本図書館協会「資料保存委員会」
http://www.jla.or.jp/committees/hozon/tabid/96/Default.aspx

・「補修に使用する道具・材料一覧（例）」日本図書館協会「資料保存委員会」
http://www.jla.or.jp/Portals/0/data/iinkai/hozon/補修に使用する道具・材料（例）_改.pdf

（URL参照日は2021年10月1日）

【資料】図書館（紙）資料修理についての<基本的な考え方と技術>

図書館（紙）資料修理についての<**基本的な考え方と技術**>

「利用のための資料保存」5つの方策

「防ぐ」「点検する」「治す」「取り替える」「捨てる」

強引な修理はダメ！　時には治さない方がよいことも。
（利用頻度、重要性、壊れ具合を考えて）
その資料にとってもっとも適切な対処を。

修復の基本（IFLA）

○原形を尊重
○可逆性
○安全な材料

◎利用に耐えうる最小限の修理。

予防的観点からの修理。
なるべく手間をかけない。
見栄えより機能回復。違和感のない程度に。

強固にするのではなく、柔らかく仕上げる。
（⇒ 和紙、でんぷん糊、少量の糊）

<これを実現するための4つのポイント↓>

○ 補修テープ（接着剤付き）ではなく、材料（紙、布など）と糊での修理が基本。

補修テープの欠点
・劣化が心配
・その部分は丈夫になるが、他の部分を壊しやすい。
・剥がそうとしても剥れない。再修理不可。
・折れ曲がる部分など力のかかる部分は剥れやすい。

○ 紙の目に注意！

○ 糊は薄く（濃さ）、薄く（厚さ）。

ポイント：①よく練って、均一に溶かす。
②均一に、まんべんなく塗り、よくなじませる。
③乾くまでよく押さえる。擦る。

はみ出たらふき取る。貼ったら押さえる。

○ 乾くまで形を整えて、板で挟んで重し（締め機）を！
一度に一ヶ所、一工程。

東京都立図書館ホームページ＞利用案内＞資料収集・保存について＞資料保存のページ
https://www.library.metro.tokyo.lg.jp/guide/about_us/collection_conservation/conservation/index.html

第7章

資料保存をすすめるために－資料・ウェブサイト紹介

7.1　全般的で基本的な資料・ウェブサイト

・パネル「利用のための資料保存」
⇒本書第1章（p.12～26）

・「防ぐ技術・治す技術－紙資料保存マニュアル－」編集ワーキング・グループ編（日本図書館協会資料保存委員会企画）『防ぐ技術・治す技術－紙資料保存マニュアル』日本図書館協会, 2005

・『IFLA 図書館資料の予防的保存対策の原則』日本図書館協会, 2003
http://www.jla.or.jp/committees/hozon/tabid/96/ctl/Edit/mid/460/committees/hozon/tabid/117/Default.aspx

・増田勝彦, 岡本幸治, 床井啓太郎『西洋古典資料の組織的保存のために』一橋大学社会科学古典資料センター, 2010
https://doi.org/10.15057/18610

・以下のウェブサイトにさまざまな情報が掲載されている。特に東京都立図書館のサイトは実務的な「教科書」となる。
日本図書館協会「資料保存委員会」
http://www.jla.or.jp/committees/hozon/tabid/96/Default.aspx
東京都立図書館「資料保存のページ」
https://www.library.metro.tokyo.lg.jp/guide/about_us/collection_conservation/conservation/index.html

国立国会図書館「資料の保存」

https://www.ndl.go.jp/jp/preservation/index.html

埼玉県立図書館「資料保存～未来へつながる保存」

https://www.lib.pref.saitama.jp/guide/hozon/index.html

7.2　予防

●取扱い

⇒本書第 2 章（p.27～40）を参照

●環境管理

・カビ　⇒本書第 3 章（p.41～48）を参照

・稲葉政満『図書館・文書館における環境管理』日本図書館協会，2001

・三浦定俊，佐野千絵，木川りか『文化財保存環境学　第 2 版』朝倉書店，2016

・三浦定俊編集『文化財 IPM の手引き』文化財虫菌害研究所，2014

・文化財虫菌害研究所『書籍や文書等へのカビ被害対処』文化財虫菌害研究所，2010

・文化財虫菌害研究所編『展示・収蔵施設で見かける虫－博物館・美術館・図書館などで働く人たちへ』文化財虫菌害研究所，2015

・東京文化財研究所・保存科学研究センター
https://www.tobunken.go.jp/ccr/index.html

・文化財虫菌害研究所　https://www.bunchuken.or.jp/

●保存容器

⇒本書第 5 章（p.59～65）を参照

●予防的製本

・「保存・保護のための製本」（東京都立図書館「資料保存のページ」）
https://www.library.metro.tokyo.lg.jp/guide/about_us/collection_conservation/conservation/simple_binding/index.html

●脱酸性化処置

・「酸性紙資料の脱酸性化処置」（東京都立図書館「資料保存のページ」）
https://www.library.metro.tokyo.lg.jp/guide/about_us/collection_conservation/conservation/deoxidation/index.html

・鈴木英治『紙の劣化と資料保存』日本図書館協会，1993

・園田直子編『紙と本の保存科学　第 2 版』岩田書院，2010

●災害対策

⇒本書第 4 章（p.49～58）を参照

・眞野節雄編『水濡れから図書館資料を救おう！』（JLA Booklet no.6）日本図書館協会，2019

7.3　修理

⇒本書第 6 章（p.66～72）を参照

7.4　代替（マイクロフィルム，デジタルデータ）

・「マイクロフィルム保存のための基礎知識（令和元年 9 月改訂版）」国立国会図書館
https://www.ndl.go.jp/jp/preservation/pdf/microfilm2019.pdf

・小島浩之編『図書館資料としてのマイクロフィルム入門』日本図書館協会，2015

・安江明夫監修『資料保存のための代替』日本図書館協会，2010

・情報保存研究会（JHK）
http://www.e-jhk.com/html/index.html

・「電子情報の長期的な保存と利用」国立国会図書館
https://www.ndl.go.jp/jp/preservation/dlib/index.html

7.5　廃棄・共同保存

・『公立図書館における蔵書構成・管理に関する実態調査報告書』全国公共図書館協議会，2018

・『公立図書館における蔵書構成・管理に関する報告書』全国公共図書館協議会，2019

https://www.library.metro.tokyo.lg.jp/zenkoutou/report/

7.6　チェックツール

・「保存管理自己点検表」（専門図書館協議会「資料保存コーナー」）

https://jsla.or.jp/preservation/

・「（書き込み式）図書館資料保存の基本」東京大学経済学資料室

https://repository.dl.itc.u-tokyo.ac.jp/records/2000646#.YPi4npj7TIU

7.7　よくある質問

・「保存・修理についての Q&A」（東京都立図書館「資料保存のページ」）

https://www.library.metro.tokyo.lg.jp/guide/about_us/collection_conservation/conservation/qa/index.html

（URL 参照日は 2021 年 10 月 1 日）

（眞野節雄，佐々木紫乃）

■執筆・編集者等一覧（順不同，所属の後は担当部分）

【日本図書館協会資料保存委員会委員】
眞野　節雄（東京都立中央図書館）　第 1 章，第 6 章，第 7 章，編集
田崎　淳子（東京大学農学生命科学図書館）　第 2 章 2.1
新井　浩文（埼玉県立文書館）　第 2 章 2.2
児玉　優子　第 2 章 2.3
神原　陽子（埼玉県立熊谷図書館）　第 3 章
佐々木紫乃（東京都立中央図書館）　第 4 章，第 7 章
川原　淳子（日本アスペクトコア㈱）　第 5 章
横山　道子（神奈川県立藤沢工科高等学校図書館）　用語注記（各章）
宮原みゆき（浦安市立中央図書館）　イラスト（第 2 章 2.3）
永塚　玲子（図書館流通センター）
樋口　早苗（国立国会図書館）

【協力】
中島　尚子（国立国会図書館）
蓑田　明子（日本図書館協会出版委員会）

【イラスト（第 2 章 2.1）】
櫻井　　梓（ペンネーム・がはく）

JLA Booklet no.8

やってみよう資料保存

2021年10月30日　初版第1刷発行
2024年 8 月20日　初版第2刷発行
定価：本体1,000円（税別）

編　者：日本図書館協会資料保存委員会
表紙デザイン：笠井亞子
発行者：公益社団法人　日本図書館協会
〒104-0033　東京都中央区新川1-11-14
Tel 03-3523-0811㈹　Fax 03-3523-0841　　www.jla.or.jp
印刷・製本：㈱丸井工文社

JLA202412　ISBN978-4-8204-2109-2　　Printed in Japan
本文用紙は中性紙を使用しています